不可能を可能にする イーロン・マスクの名言

桑原晃弥
Teruya Kuwabara

ぱる出版

はじめに

「イーロン・マスク？　名前は聞いたことあるけど、よく知らないなぁ」

そう思って、本書を手に取った人も多いのではないでしょうか。

マスクの名前そのものは2年前のツイッター（現在のX）買収騒動で多くの日本人に知られることになりましたが、では、マスクが一体何者で、これまで何をやってきたのか、そしてこれから何をやろうとしているのかについては、「よく分からない」という人が多いのではないでしょうか。

日本のワイドショーなどで紹介されるマスクは「ちょっと変わった人」という印象を与えがちですが、本当のマスクは世界一の大富豪であり、テスラによって電気自動車の時代を切り開き、ロケットの開発では今やNASAの代わりをするスペースXの創業者であり、ほかにもいくつもの会社を経営し、「ChatGPT」で有名になったOpenAIという会社の創立にも関わった、まさに現代を代表する経営者です。ウクライナへのロシアの侵攻の際に注目された「スターリンク」もスペースXが提供しています。

言わば、自動車やロケット開発、さらにはAIやSNSなどありとあらゆる分野に影響力を持っているわけですが、そんなマスクはまだ52歳（1971年6月生まれ）であり、1990年に何も持たない若者として南アフリカからカナダに移住して、わずか30年余りでこれほどのことを成し遂げたことにはただ驚くばかりです。

マスクの特徴は「壮大過ぎるほどのビジョンを掲げる一方で緻密なマスタープランに沿ってものごとに取り組み、結果が出るまで何度失敗しようとも決して諦めることなく頑張り続ける」ところにあります。

マスクのような「ビジョナリー」の中には、素晴らしいビジョンをつくることは得意でも、ビジョンを達成するための「計画を立て、お金を集め、人を動かし、ものをつくる」ことは苦手とする人が少なくありませんが、マスクは「アイデアがあればまずものをつくる」タイプの人間ですし、「ものづくりは多くのイノベーションが注ぎ込める分野だ」と言っているように、ビジョンを形にして、すぐれたものをつくる力も備えているところに大きな特徴があります。

マスクがやっていることは桁外れのものですが、最初からそれができたわけではありません。自分の得意なＩＴ関連でスタートしながら徐々に力を蓄え、才能を磨き、資金を蓄えることで「世界を救う」ためのビジネスに関わるようになり、今日に至っています。今の成果だけを見れば、「マスクは特別だから」「そんなのできっこない」と思いがちですが、**そこに至る過程や仕事のや**

り方、考え方を知ることは、たいていの人が「それは不可能だ」と思っていることを「可能にする」道を知ることにもつながります。その意味ではマスクの仕事術を知ることは、自分のビジョンや夢を実現したい、いつかは大きなことをしたいと考えている人にとってとても参考になるはずです。

「マスクは特別だから」とせっかく使える「マスクの仕事術」を知らずに生きるのはあまりにもったいないことです。夢を持ちにくい時代ですが、マスクを知れば、今よりもきっと大きな夢を見ることができるし、夢に近づく方法も学ぶことができます。

本書を読み、「なるほど」「これはいい」と思ったら、マスクばりにすぐに実行してみましょう。本書が少しでも皆様のお役に立つことができれば、これに勝る幸せはありません。

本書の執筆と出版には、ぱる出版の原田陽平さんにご尽力いただきました。心より感謝申し上げます。

桑原晃弥

目次 ▼ 不可能を可能にする イーロン・マスクの名言

第1章 壮大なビジョンを掲げる

第2章　失敗を恐れることなく信じる道を行く

第3章　つくるものに愛情と知恵を注ぎ込む

第4章 チャンスは絶対につかみ取れ

第5章 トップとして最前線に立ち続ける

第6章　人生の目標の掲げ方。どう生きるか

第7章　お金の使い方にこだわり続けろ

組版・本文デザイン：松岡羽（ハネデザイン）

第 1 章

壮大なビジョンを掲げる

イーロン・マスクの名言

第1話

私が考えたのは
『お金を儲ける一番いい方法に
ランキングされているものは何だろうか？』
ではなく、
何が人類の未来に最も影響を及ぼすだろう
ということでした

「セレブたちの卒業式スピーチ」

「お金が目当てで会社を始めて、成功させた人は見たことがない」はスティーブ・ジョブズの言葉です。では、何のために会社を始めるのでしょうか？　世界に自分のアイデアを広めたいとか、世界を変えたいといったビジョンを持ち、それを実現するために会社を立ち上げることこそ成功の鍵というのがジョブズの考え方です。

Ｚｉｐ２を立ち上げた時のマスクは自分のアイデアを形にしたいと思って起業しています。そしてＸドットコム（のちのペイパル）では既存の銀行に対する不満からインターネット上の銀行をつくり世界を変えたいというのが起業の動機となっています。

では、両社の成功により大金を手にしたマスクは何を考えていたのでしょうか？　頭に浮かんだのが早くから関心の高かった持続可能なエネルギーの生産と消費、そして複数の惑星で生きるために地球外に人類を進出させることでした。ある時、ペイパル時代の仲間の１人から「これから何をするつもりなのか？」と尋ねられたマスクはこう答えます。

「火星を開拓する。人類を複数惑星にまたがる文明にすることを人生の目標にしたんだ」

それは誰が聞いても、「頭がおかしい」と思うような答えでしたが、マスク自身は「か弱い地球になにごとかあっても、ほかの惑星にも住むようになっていれば人類の文明と意識は生き残れる」と本気で考えていました。

理由をこう説明しています。

「私が考えたのは『お金を儲ける一番いい方法にランキングされているものは何だろうか?』ではなく、何が人類の未来に最も影響を及ぼすだろうということでした」

マスクによると、これまで自分に成功をもたらしてくれたインターネットの世界にはスティーブ・ジョブズやジェフ・ベゾス、ラリー・ペイジなど自分でなくても、世界を変えられる人たちがいます。

一方、「世界を救う」ために本気で何かをやろうとする人は見当たりませんでした。幼い頃から「世界を救う」ことを夢見ていたマスクは本気で「地球と人類を救う」ことを考えるようになったのです。

結果、選んだのは短期的にはお金儲けから遠いばかりか、失敗する可能性も高いうえに、多額の資金を必要とするものばかりでした。**マスクにとって大切なのはお金儲けよりも「世界を救う」ことだったのです。**

ワンポイント

みんなから「頭がおかしい」と言われるものこそ本物のイノベーションになる。

イーロン・マスクの名言

第2話

ニッチな決済システムになりたいのなら、
ペイパルの方がいいでしょう。
でも、世界の金融システムを
乗っ取りたいのなら、
Xという名前の方がいいのです

「イーロン・マスク」上

Zip2に続いてマスクが設立したのがオンライン金融サービスと電子メール支払いサービスを行う「Xドットコム」です。今では当たり前のサービスですが、当時としては世界初となるインターネットバンキングの一つです。

ちょうどその頃、ピーター・ティールが創業した「コンフィニティ」という会社も同様のサービス「ペイパル」を開発、オークションサイトの「イーベイ」で使われ始めていました。両社は当初は体力を消耗するだけの無益な競争を展開しますが、「生き残るのは1社だけ」と知るマスクとティールは2000年に合併に合意、社名を「ペイパル」、最大株主のマスクは会長（のちにCEO）に就任します。

合併にあたり、マスクはティールたちとさまざまな駆け引きを行っていますが、特に強く主張したのは会社名を「Xドットコム」とし、ペイパルはXドットコムが持つブランドであり、優れたサービスの一つとすることでした。一方、ティールたちが目指したのはペイパルという人気のあるサービスに集中することでした。マスクは言います。

「ニッチな決済システムになりたいのなら、ペイパルの方がいいでしょう。でも、世界の金融システムを乗っ取りたいのなら、Xという名前の方がいいのです」

「資金はすべてこの会社に注ぎ込んだんだ。私には経営する権利がある」と主張、「真のデジタル銀行をつくる第一歩と考えるべきだ」と「大きく考える」ように仕向けようともしています。

マスクが目指したのはニッチな市場の覇者になることではなく、規制の多い伝統産業である金融業界に革命を起こすことでした。こうしたビジョンの違いや、両社の企業文化の違いなどもあり、マスクとティールたちはさまざまな点で衝突することになりますが、最終的に同社は「ペイパルの会社」として成長することになります。

マスクの主張は受け入れられませんでしたが、ペイパル自体はイーベイに買収されることでマスクに「世界を救う」ための資金をもたらすことになりました。

マスクが買収した後、ツイッター（X）は混乱続きと見られていますが、ツイッターを買収したマスクが考えていたのは「金銭が取り扱えるソーシャルネットワーク」であり、それは若き日にXドットコムとペイパルで夢見ていたビジョンだけに、混乱を経てやがてツイッターを「X」に再生していくのではないでしょうか。

ワンポイント

ニッチの市場の覇者よりも、業界全体をひっくり返すことを目指す。

イーロン・マスクの名言

第3話

これは長い道のりの第一歩にすぎない。
やることはまだまだある。
火星にだって行かなければならない

「イーロン・マスク」上

スペースXが初めて打ち上げに成功したのは2008年9月のことです。それまでに3度の失敗をしていただけに、4回目が失敗すればスペースXも終わるし、マスクの壮大なビジョンも終わるしかないと見られていました。マスク自身、こう振り返っています。

「テスラの資金調達もできなくなったでしょうね。『ほら、あいつ。ロケット会社がこけた奴じゃん。負け馬だよ』って言われかねませんから」

アメリカという国は再挑戦が可能な国と言われていますが、スティーブ・ジョブズでさえアップルを追放された後に創業したネクストが期待通りにいかなかった時期には、「過去の人」扱いされていたほどですから、マスクもテスラが苦戦し、スペースXも失敗続きとなれば、そのビジョンに耳を傾けたり、ましてや資金を投資しようという人や企業が消え去ったとしても不思議ではありませんでした。

そんな不安の中、ファルコン1は民間が独自に開発したロケットとして初めて地上から打ち上げて、見事に軌道に到達します。社員数はボーイングの100分の1という500人足らず、資金も国からの資金ではなく、ほとんどをマスクが用意するという完全な民間企業が成し遂げた快挙でした。

マスク自身、何度も「すごい」と叫びますが、少しだけ落ち着きを取り戻すと、社員にこう語りかけました。

「これは長い道のりの第一歩にすぎない。来年はファルコン9を軌道まで打ち上げる。宇宙船のドラゴンも開発する。そして、スペースシャトルの後継になるんだ。やることはまだまだある。火星にだって行かなければならない」

大きな成果を上げた後、ほとんどの人はその喜びにゆっくり浸りたいものですが、マスクが見ていたのははるか先でした。

ジョブズも世界を変えるような製品を発表し、大ヒットした後でも「ゆっくり腰を下ろして休むのは勧められない」と話していましたが、マスクにとって4度目の挑戦での打ち上げ成功は滅茶苦茶嬉しいものの、はるか先を見ればゆっくり休んではいられないという心境だったのではないでしょうか。だからこそマスクは十数年経った今でも懸命に走り続けているのです。

ワンポイント

成功は喜んでいいが、腰を下ろして休むことなく、また走り始めよう。

イーロン・マスクの名言

第4話

テスラは、高くても買ってくれる
顧客がいる高級市場からスタートし、
その後、生産台数が多く
低価格のモデルを順次出して
一般市場に広げることを急ぐ
という戦略にしたのです

「イーロン・マスク」上

マスクがスペースXやテスラという国家レベルの難事業を成功させることができたのは決して諦めない不屈の精神もありますが、一方ではるか先のビジョンに到達するためにきちんとステップを踏み、収益を生みながら事業を拡大することができたからです。

スペースXでは最初は小型のロケットでスタートし、小型の衛星を打ち上げることでシェアを拡大、宇宙飛行士を運ぶところまで進めたわけですが、テスラにおいては①高コストを吸収できる高価格を許容してくれる顧客を狙って、まずは「ハイエンド市場」から参入、②高級車の販売で手にした資金でファミリー層向けの車をつくりより安く販売する、③さらに3番目の車種としてより安価な大衆型モデルを発売する——という「秘密のマスタープラン」の元で事業を進めています。

テスラに限らず、どの企業にとっても最初に出す製品にはインパクトが欠かせません。アップルの創業者スティーブ・ジョブズは製品開発とプレゼンテーションの達人であり、iPodやiPhoneを高いけれども最高の製品に仕上げることで、その後の世界的大ヒットにつなげています。マスクもテスラが最初に出す車は大手自動車メーカーがつくっていたゴルフカートのようなダサく格好悪いものではなく、顧客が歓声を上げるほどのスポーツカータイプのロードスターでない限り、成功の道はないと考えていました。こう檄を飛ばします。

「最初の車を出せるのは1回だけなんだ。だから、その車は、できるかぎりいいものにしなければならない。みっともない車を10万ドルで売るわけにはいかんぞ」

マスクはスペースXでの激務のかたわら、当初の「投資家」的な役割を超えて車のデザインなどにとことんこだわるようになります。製造原価が増えるのも構わず、さまざまな設計変更の指示を出し、社員の数も増やします。すべては「最高の車に仕上げる」ためでしたが、その甲斐あって2006年7月に発表されたロードスターは、「電気自動車を花形にできるもの」に仕上がり、カリフォルニア州知事のアーノルド・シュワルツェネッガーや俳優のジョージ・クルーニーたちが予約金の10万ドルを気前よく払ってくれたのです。

さらにスティーブ・ジョブズまでも「これほどのものを作るのは素晴らしい」と賛辞を送っています。マスクにとっては時間はかかったものの、最初のステップは予想通りに踏み出すことができました。

ワンポイント

成功への階段は着実に踏んで行け。

イーロン・マスクの名言

第５話

技術とは自動的に進んでいくものだと考えるのはまちがいです。少しでもよくしようとたくさんの人が必死に働いて初めて進化するもの

「イーロン・マスク」上

マスクの宇宙への思いは子ども時代の読書がきっかけで育まれています。子どもの頃から大の本好きで、誰かの家に行くと、そこの本棚に興味を持ちますし、家族で街に出かけると書店で何時間でも平気で過ごす子どもでしたが、そんな日々の中で出会ったのがアイザック・アシモフの『ファウンデーション』シリーズやダグラス・アダムスの『銀河ヒッチハイク・ガイド』です。

こうした本を通して宇宙への関心を持つようになったマスクは、やがて地球上の資源が限られていることなども知り、「ほかの惑星に行く」ことを本気で考えるようになります。ところが、人類を世界で初めて月に運んだNASAの技術は「月には行けた」ものの、そこで止まっていました。マスクはこう考えます。

「月までしか行けなかった。それ以上はあきらめたと子どもたちに言うのでしょうか」

マスクの計算では月に行ったのが30年以上前だとしたら、2001年頃には「火星はもうすぐ」のはずですが、NASAのウェブサイトのどこを見てもそんな計画はありませんでした。多くの人は人類の進化とともに技術や文明も発展するものと思い込んでいますが、マスクは「そんなことはない」と言い切っています。

「技術とは自動的に進んでいくものだと考えるのはまちがいです。少しでもよくしようとたくさんの人が必死に働いて初めて進化するものなのです」

マスクによると、「技術の水準は常に向上し続けているわけではなく、時として落ちることもある。技術レベルが落ちないうちに能力を高め、火星や月に自給自足できる拠点をつくる必要がある」のです。

では、誰がやるか？　誰もやらないなら自分がやるというのがマスクの思いでした。但《ただ》し、最初からロケット会社を立ち上げるつもりはありませんでした。小さな温室を火星に送り、火星で植物が育つ写真が送られてきて、それを見れば世間の人たちが火星に関心を持つようになり、ＮＡＳＡも火星探査を本気で考えるようになるというのがマスクの考え方でした。自分がやるのはロケットの製造ではなく、あくまでも「火星に行こう」という機運を盛り上げることでした。

ペイパルの売却で大金を手にしたマスクが目指したのは「技術を前に進める」きっかけづくりであり、先導者になることでした。

ワンポイント

「誰もやらない」のなら自分が先頭に立てばいい。

第6話

大事なのは、
私が火星に行けるかどうかではなく、
数多くの人々が行けるようにすることだ

「イーロン・マスク　未来を創る男」

宇宙に行った著名な起業家というとヴァージン・グループの創業者リチャード・ブランソンと、アマゾンの創業者ジェフ・ベゾスがいます。2021年7月、ブランソンは自分の会社であるヴァージン・ギャラクティックの宇宙船に乗り宇宙へ、そしてその数日後、ベゾスは同じく自分の会社であるブルーオリジンの宇宙船で宇宙への旅を経験していますが、ロケット開発で圧倒的な実績を持つスペースXの創業者であるマスクはただの一度も宇宙旅行を経験していません。

国際宇宙ステーションに宇宙飛行士を何度も運んでいるスペースXであれば、マスクの宇宙旅行など簡単に実現できるはずですが、マスクはこうした起業家たちの先陣争いに興味を示すことはありませんでした。理由をこう話しています。

「私が死んでもスペースXが問題なく運営していけるとわかれば、真っ先に火星に行きたい。行きたいが、行く必要はない。大事なのは、私が火星に行けるかどうかではなく、数多くの人々が行けるようにすることだ」

「イノベーションの成果は、普通の人間が利用できるものでなければならない」はピーター・ドラッカーの言葉です。世の中の大半はごく普通の人たちです。どんなにすぐれた製品も使い方がやたら難しかったり、価格が驚くほど高くては、普通の人の役には立ちません。これでは本当のイノベーションは起こりません。誰もが使えるもの、多くの人が手にできるものをつくり上げてこそ真のイノベーションと言えるのです。

マスクがスペースXで取り組んでいるのは真のイノベーションと呼べる、ごく普通の人が火星に移住できるようにすることです。宇宙旅行というと今でも大金持ちの道楽をイメージしてしまいます。しかし、それでは普通の人には宇宙旅行など望むべくもありません。

マスクが目指すのは火星に8万人が移住できるコロニーを建設し、一人当たり50万ドルくらい（カリフォルニアに家が買える値段）で移住できるようにすることです。単なる金持ちの観光目的の火星旅行ではなく、かつて新世界を求めて多くの人がアメリカ大陸に渡ったように、火星に移住して、そこで仕事をして、社会をつくる。そのためには地球で家を建てるくらいの価格でなければならないというのがマスクの考えです。

ちょっとした宇宙旅行なら大金持ちであれば実現できる時代ですが、マスクが思い描くのはより多くのごく普通の人が宇宙へと旅立つ世界なのです。

ワンポイント

普通の人が利用できるものをつくってこそイノベーションは起きる。

第7話

目標は、
人類にプラスとなる安全な形で
AIが進化していく可能性を
高めることです

「イーロン・マスク」上

ＡＩの進化や脅威については以前から言われていたことですが、ＡＩを一般の人々にとってごく身近なものにしたのは２０２２年11月、ＯｐｅｎＡＩが「ＣｈａｔＧＰＴ」を公開したことがきっかけでした。その翌年、マイクロソフトがＣｈａｔＧＰＴを搭載した検索エンジンを発表、グーグルもあとを追ったことでＡＩは誰もが使えるようになり、その性能の高さも知られることになりました。

ＯｐｅｎＡＩの創業者であり、ＣＥＯのサム・アルトマンは２０２３年に来日、マスコミにも頻繁に登場したことで、その名前を知られることになりますが、同社のもう１人の創業者はマスクです。マスクは早くからＡＩに関心を持ち、ピーター・ティールの紹介で知り合ったデミス・ハサビスが創業したディープマインド（汎用人工知能となりうるコンピュータベースのニューラルネットワークを開発する会社）に５００万ドルの出資を決めたほどでした。２０１２年のことです。

しかし、翌年になるとマスクは人工知能の脅威を口にするようになります。一方、マスクの友人でもあるラリー・ペイジはディープマインドを買収、ＡＩの開発に邁進します。そんなペイジのやり方に危機感を覚えたマスクはサム・アルトマンやピーター・ティールに声を掛け、２０１５年にＯｐｅｎＡＩを創業します。ＯｐｅｎＡＩはあくまでも非営利の組織であり、研究成果もオープンにするというのが条件でした。マスクはその意義をこう説明します。

「ひとりの人または1社が支配する形ではないＡＩ、つまり、リナックス的なＡＩを作りたいと考えたわけです。目標は、人類にプラスとなる安全な形でＡＩが進化していく可能性を高めることです」

ひとりというのはラリー・ペイジであり、1社というのはグーグルのことですが、マスクはＡＩの正しい発展のためには独占ではなく、多くの人が使えるようにする方がいいと考えていました。しかし、現実には2018年、マスクはＯｐｅｎ ＡＩを離れ、別の会社を設立します。資金源を断たれたアルトマンはＯｐｅｎ ＡＩの下に営利会社を設立、マイクロソフトなどの出資を受けることになります。

マイクロソフトやグーグルといったＩＴ業界の巨人を向こうに回して、マスクがテスラという膨大なデータを持つ企業を活用しながら理想のＡＩを追い求めることになります。

ワンポイント

友人であっても対立を恐れるな。嫌われる勇気を持つ。

イーロン・マスクの名言

第8話

1%の危機というのはなお、
相当な努力を費やす価値があるのです

「セレブたちの卒業式スピーチ」

2022年5月、マスクが発したツイートが、日本で大きな話題になりました。そこにはこう書いてありました。

「当たり前のことを言うようだが、出生率が死亡率を上回るような変化がない限り、日本はいずれ存在しなくなるだろう。これは世界にとって大きな損失となろう」

マスクがこうしたツイートをしたきっかけは、共同通信社が英語で配信した「この1年間に日本の総人口が64万4000人減った」という、人口統計のニュースのようです。1億2000万人あまりが暮らす日本の人口が64万人減ったからといって、「日本はいずれ存在しなくなるだろう」というのはあまりに飛躍しすぎだと感じるかもしれませんが、このツイートは実にマスクらしいものであり、マスクの考え方や行動の仕方を考えるうえでとても興味深いものでした。

たしかにマスクが言うように「出生率が死亡率を上回るような変化がない限り、日本はいずれ存在しなくなる」というのは統計的な事実です。今の状態が続けば日本の総人口は200年後に1000万人をきり、2340年に100万人となり、そして2490年に10万人となり、3300年に日本列島は無人になる、というのが「人口統計資料集」のデータです。

これは統計が示す「確実に来る未来」だけに、「じゃあ、なぜ動かないんだ」がマスクの疑問だったのではないでしょうか。マスクははるかに小さな「いつか来るかもしれない危機」にさえ挑んでいます。マスクは早くから「人類の火星への移住」を唱えていますが、かといって「今すぐに人類に危機が訪れる」と考えているわけではありません。

「地球は多分長い間、大丈夫だろう」と断ったうえで、しかしこう話しています。

「たとえ99%くらい確かだとしても、1%の危機というのはなお、たくさんある惑星に地球の生物圏のバックアップを確保するための相当な努力を費やす価値があるのです」

マスクによると人類の技術は常に向上し続けるものではなく、資金などの問題もあって、時に下降したり伸び悩むこともあるといいます。つまり、危機が間近に迫ったからといってその時確実に対策を取れるとは限りません。だからこそ、「いつか来る危機」に対しては、できるうちに準備をしなければならないというのがマスクの考え方です。

「確実に来る危機」はもちろんのこと、「いつか来るかもしれない危機」のためにも、人類は準備をし、備えなければならないというのがマスクの行動原理です。

ワンポイント

「健全な危機意識」こそが困難を乗り越える力になる。

第9話

街は３Dだけど
道は必ず２Dなんだよな

「イーロン・マスク」上

マスクのビジネスはしばしば現状への大いなる不満からスタートします。

Xドットコムを立ち上げた理由の一つは、「インターネットの時代に、わざわざ銀行の窓口に足を運ぶのは時代錯誤」に思えたからですし、そんな時代遅れの銀行業界に革命を起こしたいというものでした。

スペースXの創業も元々はどこかの国のロケットを使って火星に植物を育てるプラントを運びたいと思っていたにもかかわらず、安くて信頼のおけるロケットが存在せず、「ないなら自分でつくるまで」というのが理由でした。

こうした不満は恐らく多くの人が感じるものですが、たいていの人は「不満」を「仕方がない」と諦めるのに対し、マスクの場合は、「じゃあ、どうするか」という具体的な解決策に進むところに特徴があります。

マスクがサンフランシスコとロサンゼルスを30分で結ぶ「ハイパーループ」という新たな移動手段について公に口にしたのは２０１２年のことです。計画されていた新しい鉄道建設に対する不満と、多くの時間を奪われる渋滞に対する不満から生まれたアイデアです。ハイパーループというのは、高い位置に空気抵抗を減らした密閉チューブを設置して、その中を乗客を乗せたカプセルが圧縮空気で時速７００マイルで移動するというシステムです。

マスクは渋滞などを念頭に必要とされている交通システムの理想をこう述べます。

「今望まれているのは、絶対衝突しなくて、飛行機よりも倍速く、駅に着いたらすぐに出発できる移動手段だ」

似たような理由から誕生したのが「ザ・ボーリング・カンパニー」です。

２０１６年、香港でいくつもの会議をこなしたマスクはテスラの営業やマーケティングのプレジデント、ジョン・マクニールにこう言います。

「街は３Ｄだけど道は必ず２Ｄなんだよな」

街の上にチューブを通せばハイパーループになり、街の下にトンネルを掘れば、道路も３Ｄになります。マスクはすぐに行動を起し、スペースＸのエンジニアに命じて短期間で安くトンネルを掘ろうと、掘削機を購入します。新会社「ザ・ボーリング・カンパニー」の始まりです。

どちらもまだ圧倒的な成果は上げていませんが、マスクのビジネスはいつも**現状への不満と、それを解決してみせるという情熱からスタートします。**

ワンポイント

不満をそのままにせず、荒唐無稽でも解決策を考える。

第10話

スペースXでは、あらゆることを
火星に行く
というレンズを通して考え、
決断するのです

「イーロン・マスク」下

マスクの起業家としての成功を支えているのは壮大なビジョンを掲げて、その実現に向けて、どんな困難にもめげることなく前進し続ける才能と同時に、別のところでも紹介したように壮大なビジョンに至る現実的なプランを考案し、それを1つずつ実行していく才能も兼ね備えているからです。

それはテスラの社名の由来ともなった発明家のニコラ・テスラとは真逆な才能です。テスラは優れた発明家であり、トーマス・エジソンとの「直流か交流か」という論争でも勝利した人物です。しかし、エジソンが「発明王」として、またGEの源流ともなった企業を創業した人物として発明とビジネスの両方で成功したのに対し、テスラは偉大な発明をしても、それを自らの手で商品化して大衆の手に届けることはできず、晩年は貧しい生活を余儀なくされています。

元々はマスクの友人であり、テスラの支援者でもあったラリー・ペイジはテスラを尊敬しながらも、「僕も発明がしたかった。でも世界も変えたかった」とすごい製品をつくり、それを世界に広めることを重視していましたが、マスクも同様の考え方をしています。だからこそ、マスクはテスラでは高級車からスタートして事業を拡大していますし、スペースXでもファルコン9で衛星を打ち上げるビジネスを行いつつ、火星へと行く準備を進めています。

マスクにとっては話題の「スターリンク」もそんな火星へ行く資金を稼ぐ手段の一つでした。

スターリンクというのは、アンテナとルーターを設置し、電源を入れさえすれば、通信衛星とダイレクトに接続でき、世界のどこからでも高速回線が利用できるインターネットサービスのことです。アイデア自体はマスク以前からありましたが、ビジネスとして成功させたのはマスクです。マスクは2018年の試験的打ち上げを経て、2019年からは1回の打ち上げで60基をまとめて宇宙に送り出すことで、既に5000基以上を打ち上げ、世界中のどこからでもアクセスできるようになっています。マスクは言います。

「スターリンクを立ち上げ、火星に行く資金の足しにしようと思ったわけです。スペースXでは、あらゆることを火星に行くというレンズを通して考え、決断するのです」

火星に行くという夢は突拍子もないように思えて、マスクの中では技術も資金も含めてしっかりと計算できる、実現可能な目標なのです。

ワンポイント

夢を語るだけではなく、現実的な道筋をつけることも忘れない。

第 2 章

失敗を恐れることなく信じる道を行く

第11話

なあ、みんな、
こういうロケットなら
自前で造れるんじゃないかな

「イーロン・マスク　未来を創る男」

NASAが火星探査を本気で考えるようになるために、まずは自分が小さな温室を火星に送ろうと決心したマスクですが、肝心なのは温室を火星まで安全かつ安く運んでくれるロケットをいかに確保するかでした。

マスクの考える予算は2000～3000万ドルでしたが、ボーイング社製のロケットを使って必要な資材を運ぶとすれば、その何倍ものお金が必要になります。マスクは「ほかに安いロケットがあるのでは」と考え、ロシアに出かけ、関係者と価格交渉を行ないますが、先方は価格を吊り上げながら、「ぼく、お金ないのかい？」とマスクを馬鹿にするようなそぶりさえ見せていました。ロシア製ロケットには信頼性が欠けていることも大いに気になりました。

自分が欲しいものがどこを探しても見つからない時、あなたはどうするでしょうか？　たいていの人は「ないものは仕方がない」とあきらめますが、マスクはまるで違う選択をします。

ロシアからの帰り、飛行機の機内でパソコンのキーボードを懸命に叩いていたマスクはロシアに同行してくれた仲間にパソコンの画面を見せながらこう言います。

「なあ、みんな、こういうロケットなら自前で造れるんじゃないかな」

航空宇宙産業やロケット工学について何ヶ月も勉強していたマスクは、ロシア企業よりもはるかに安くて信頼性の高いロケットをつくれるはずだという結論に達していました。ロケットをつくるというのは国家的ビジネスであり、莫大なお金がかかります。マスクの友人たちは、ロケットが爆発するシーンを集めた動画をつくり、何とかマスクを思いとどまらせようとしますが、マスクの決意は揺るぎません。失敗の可能性が高いことは分かっていると断ったうえで、こう言います。

「一番ありそうな結末は、お金をぜんぶ失う、だろう。でも、じゃあ、どうしろと？　宇宙探査など滞らせておけばいいのか？　これは試してみなきゃいけないことなんだ。そうしなければ、我々は、ずっと地球に閉じ込められたままになってしまう」

「リスクが大きい」「失敗する可能性が高い」はマスクにとって、「やめる理由」にはなりません。リスクが大きければ大きいほど、持てるすべてを賭けたくなるのがマスクです。２００２年、マスクは自分の仲間のほか、ボーイングのエンジニアなども引き抜き、スペース・エクスプロレーション・テクノロジーズ（スペースX）を起業します。

ワンポイント

「必要なものがない」のなら、自分でつくればいい。

イーロン・マスクの名言

第12話

私は、いつごろという予想が
ちょっと楽観的にすぎる
ところがありまして。
でも、楽観的でなければ、
こんなことしていると思いますか？

「イーロン・マスク」上

マスクには起業家として2つの特徴があります。

1つは「人類を火星に移住させる」「電気自動車の世界を切り開く」といった壮大なビジョンを掲げて大胆にものごとを進める一方で、現実的な利益を上げるための綿密な計画を立てて実行することです。

テスラの場合、最初は一握りの環境意識の高いお金持ちが買ってくれる高級車をつくり、その利益を元にしてやがては大衆車をつくるという「秘密のマスタープラン」を作成、段階を踏んで進めることでテスラをナンバーワンの電気自動車会社に成長させています。同様にスペースXの場合も最初は比較的費用のかからない小型ロケットからスタートして、民間や政府の小型衛星を打ち上げるなどして収益を上げ、信頼も獲得していくという非常に現実的な計画を立てています。

「これからいろいろとやらかすはずだが、どかんとやらかすのは避けよう」が当時のマスクの考え方です。

このように単なるビジョナリーではない、ビジネスマンの顔を持つマスクですが、マスクにはもう1つのスケジュールに関してあまりに楽観的過ぎるという、社員たちからすると何とも困った顔もありました。

スペースXでも、テスラでも打ち上げ予定日や製品の完成日、納期などについてみんなが「えっ」と驚くようなスケジュールを口にしては結果的に延期を繰り返すというのがいつものことです。たとえば、スペースXでは創業から1年余り後の2003年9月にロケットを打ち上げ、2010年には無人の宇宙船を火星に送り出すという目標を掲げていますが、実現することはできませんでした。

ある記者会見の席上、そのことを問われると、「本当ですか？　そんなふうに申し上げましたか？　そんなばかなことはない」ととぼけたこともあるほどですが、別の時にはこう言っています。

「私は、いつごろという予想がちょっと楽観的にすぎるところがありまして。でも、楽観的でなければ、こんなことしていると思いますか？」

スケジュールは荒唐無稽でも、言ったことは必ず実行してみせる。そこにマスクの大きな魅力があります。

ワンポイント

時期は遅れても言ったことは必ず実現してみせる。だから、信頼される。

イーロン・マスクの名言

第13話

さっと作れば、
さっと結果がわかります。
そしたら、さっと修正できるわけです

「イーロン・マスク」下

マスクの特徴は事業化に際して緻密な計画は練るものの、以後の進め方に関しては「まずものをつくる」を優先するところにあります。理由はつくることで見えてくるものがあるし、人も動くし、改善のアイデアも出るからです。

マスクは学生たちを前にこんなスピーチをしたことがあります。

「あなたが会社をつくるつもりなら、最初にやってみるべきことは、実際に動く試作品をつくることです。パワーポイント上なら何でも目的通りに動かすことができます。でも実物のデモ製品があれば、それがまだ原型だとしても、人々を説得するにはずっと効果的なのです」

あなたが素晴らしいアイデアを持っていて、それを会社などでみんなに懸命に話をしているにもかかわらず誰も耳を傾けてくれない時、あなたならどうしますか？

「こんな最高のアイデアを理解できないなんてバカばかりだ」と愚痴をこぼすだけでは何も始まりません。「もう少し力があれば」と思ってもすぐに偉くなるわけもありません。それよりも「まずつくってみる」。それがすべての始まりなのです。

マスクはスペースXでもあれこれ議論をしたり、分析をしたりに時間を費やすのではなく、「さっと作れば、さっと結果がわかります。そしたら、さっと修正できるわけです」とまずやることを推奨していました。部下にはこう言っていました。

「とにかくエンジンを作って試験架台で動かしてみろ。問題ないようならロケットに取り付けて飛ばしてみろ」

マスクにとって大切なのは**分析や議論を重ねて問題のないものを時間をかけてつくることではなく、「なにが問題なのかをいかに早く突き止め、それを直すのか」です。**反対にリスクを恐れ、失敗を何より恐れる企業であれば、とにかく議論を重ね、試験を繰り返し、「これなら絶対に大丈夫」となって動き始めるわけですが、それでは**時間ばかりがかかってせっかくのチャンスを逃すことにもなりかねません。**

一方、マスクはつくって失敗したら、その失敗の原因をすぐに調べて、すぐに改善して、再びつくって、試せばいいという考え方です。失敗を恐れすぎると人はどうしても臆病になりがちですが、**リスクがあるからこそ「まずつくる。まず試す。失敗したらすぐに改善する」というサイクルを猛スピードで回すことが必要なのです。**

ワンポイント

さっと作れ。失敗したらそこから学んで次に進もう。

イーロン・マスクの名言

第14話

問題があったのは事実だが、
原因をきちんと究明すれば
乗り越えられる。
私たちは技術の会社だ。
立ち止まる必要はない。
前に進もう

「日経ビジネス」

「絶対の成功が約束されているのなら、それは挑戦とは呼ばない」という考え方があるように、イノベーションや挑戦には失敗がつきものです。

では、失敗を恐れて挑戦をやめてしまうか、それとも失敗を乗り越えて前に進むかで企業のありようは大きく変わってきます。

マスクのスペースXが初めてロケットの打ち上げに挑戦したのは2006年3月のことですが、わずか25秒で制御不能となり落下していきます。残骸が火を噴きながら海に落ちるのをみながら、マスクは「胃がきゅっと痛みました」と言いましたが、それでもみんなでヘリコプターに乗り、残骸を確認しに行った後、メンバー全員で屋外のバーで黙ってビールを飲んだといいます。

しばらくしてマスクは「これまでもロケットを打ち上げる企業や組織が何度も痛い目にあった末に成功にたどり着いている事実を忘れてはならない」とみんなを励ましています。

その後、「これは長期的な案件だとスペースXでは考えており、なにがあろうと、成功するまで歩みを止めることはありません」という公式発表を行っています。

しかし、その後の挑戦も簡単なものではありませんでした。2007年3月、2度目の挑戦を行いますが、宇宙には到達したものの、軌道に達することはできず墜落します。3度目の挑戦（2008年8月）も失敗します。資金には限りがあるだけに、マスク自身は「3回で成功できなければ、倒れても仕方がない」と覚悟をしていましたし、そのことは他のメンバーもよく分かっていました。打ち上げたロケットは順調に飛行、エンジニアの1人が「3度目の正直だ」と叫んだものの、その願いも空しく最後は地上に向けて落下しています。

もはや万事休すとみんなが諦めますが、マスクはロサンゼルス工場に4台目の部品があると知り、それを組み立てて4度目の挑戦を行うことを表明します。

「問題があったのは事実だが、原因をきちんと究明すれば乗り越えられる。私たちは技術の会社だ。立ち止まる必要はない。前に進もう」というのがマスクの思いでした。みんなが絶望的な気持ちになっていた中、マスクの「もう一度がんばろう」はみんなを奮い立たせたといいます。

その甲斐あってか、2008年9月、スペースXはついに打ち上げに成功します。

ワンポイント

失敗をしてなお前に進む。それこそが本当の「挑戦」だ。

イーロン・マスクの名言

第15話

ロケットを完全に再利用できるか否かで、
一惑星の文明になるか
多惑星の文明になるかが決まる

「イーロン・マスク」上

スペースXは最初の打ち上げに成功して、NASAとの大型契約を締結して以降、宇宙ステーションとのドッキングに民間で初めて成功、今ではスペースシャトルに代わって人やものを宇宙ステーションへ運ぶ役割を担っています。

これだけでもすごいことですが、マスクが真に目指しているのは人類を火星に移住させることです。そのためにマスクは巨大な宇宙船もつくっているわけですが、それに先立って絶対に成功させなければならなかったのがロケットの再利用です。それまでのロケットは使い捨てが常識でしたが、それでは人類を乗せて地球と火星を行き来することはできません。

マスクによると打ち上げは2段階で行われます。まず有人宇宙船を打ち上げ、すぐに推進剤を運ぶためのタンカーも打ち上げます。地球周回軌道で有人宇宙船とタンカーはランデブー、ドッキングをして推進剤の補給を受け、有人宇宙船は火星へと向かいます。そして帰還には、事前に火星に送り込んだプラントで製造した推進剤を使用します。何より重要なのはこれらの機体を何度も利用できるということです。そうすることで地球と火星の間の定期便を低コストで実現するというのがマスクの構想です。

マスクはこう説明しています。

「ロケットを完全に再利用できるか否かで、一惑星の文明になるか多惑星の文明になるかが決まる」

ミッションを完了したロケットは地球上のどこにでも着陸できるようになり、推進剤さえ補給すれば何度でも飛ぶことができます。そうすれば人一人を火星まで「50万ドル」で運べるようになり、誰もが火星に行くわけではないものの、「そのくらいなら行ってみようか」と考える人も出てくるというのです。

とはいえ、それは簡単なことではありません。スペースXはファルコン9の着陸試験に失敗、ロケットが爆発するといった経験を経て、2015年12月に成功します。マスクは「世界一でっかいロケットの発射・着陸に成功したぞ」と快哉を上げます。そして今やファルコン9は10回を超える再利用が当たり前になり、100人もの人を乗せることのできる大型のスターシップを開発、既に試験段階に入っていますが、その再利用が可能になれば本当に「火星」が見えてくることになります。

ワンポイント

どんなに困難でも、必要な技術は決して諦めない。

第16話

スケジュールに関しては
楽観的だったかもしれませんが、
結果について
大げさな約束をしたことはありません。
やると言ったことを
実行してきただけです

「イーロン・マスク　未来を創る男」

スペースXが初めてロケットの打ち上げに成功したのは創業から6年後の2008年のことです。それから4年後の2012年には民間企業が開発した宇宙船として初の国際宇宙ステーションとのドッキングに成功、さらに2020年にはやはり民間宇宙船として初めて宇宙飛行士を乗せて国際宇宙ステーションに送り届けています。スペースシャトルの引退から9年、NASA支援による有人の民間宇宙船の開発開始から6年目のことです。

この時点でスペースXは創業から18年と非常に若い企業ながらこれほどの偉業を達成し続けているのは驚異としか言いようがありません。実際、スペースXが初の国際宇宙ステーションとのドッキングに成功した時、NHKの「クローズアップ現代」で長谷川義幸（JAXA・宇宙航空研究開発機構理事）はこうコメントしています。

「びっくりしました。民間会社が、あの難しい宇宙先進国の技術だったランデブーという技術をちゃんと獲得して、実際にやり遂げたと。短期間で、10年間でそんな技術を獲得したことはやっぱりすごいなと思いました」

長谷川によると、NASAが民間企業に宇宙船開発を委託した際も「最初はやっぱり疑ってました」といいます。理由は非常に難しい技術であり、それを民間の、しかも成立から間もないような企業が「できる」とは思えなかったというのが正直なところでしょう。

では、それほどの技術をスペースXはどうやって身につけたのでしょうか。

1つは人前での失敗を恐れることなく、事故や爆発があっても、そこから短期間で修正して技術に磨きをかける凄さにあります。スペースXのクルードラゴンで国際宇宙ステーションの行き来を経験した宇宙飛行士の野口聡一によると、こうした技術は「実際にハードウェアをつくって打ち上げることで培われる」だけに、**マスクの「さっとつくって、さっと結果が分かり、さっと修正する」が効果を発揮しています**。

そしてもう1つは、マスクの無茶苦茶なスケジュールも効果を発揮しています。マスクの指示するスケジュールはいつも厳しすぎるもので、ほぼその通りにはいきませんが、「スケジュール通りにはいかなかったけど、世界一になれた」と社員が言うように、テスラやスペースXをその分野のトップランナーへと押し上げています。マスクは言います。

「スケジュールに関しては楽観的だったかもしれませんが、結果について大げさな約束をしたことはありません。やると言ったことを実行してきただけです」

「やると言ったことはやる」という有言実行こそがマスクの強みなのです。

ワンポイント

やりたいことは口にしろ。口にした以上は絶対にやり遂げる。

イーロン・マスクの名言

第17話

我々の目標は、
大いなる冒険のエンジンを作ることだ。
ほんのわずかでも
成功の可能性がありそうなら
やってみようじゃないか

「イーロン・マスク」下

スペースXという会社について、スミソニアン国立航空宇宙博物館のキュレーターで歴史家のジェニファー・レバスールがこう評しています。

「スペースXは、グーグルやフェイスブック（現メタ）と同じタイプの企業です。伝統的な企業とは、世代が全然違うのです。お役所仕事のようなところはなく、全員が猛烈な勢いでプロジェクトに取り組んでいます」

こうも言っています。

「『人前での失敗を恐れない』という同社の姿勢は、従来の宇宙船の開発モデルとは大きく異なります」

たしかにスペースXは最初のロケットの打ち上げ成功までに続けて3回の失敗をしていますし、以後もロケットの爆発により国際宇宙ステーションに向かう貨物宇宙船を破壊したこともあれば、ファルコン9の給油テスト中に爆発、積んでいたイスラエルの通信衛星が燃えたこともあります。今でもロケットの再利用を当たり前に行っていますが、それ以前にはやはり何回もの失敗をしています。

このような人前での失敗が度重なると、たいていの企業は慎重になり、「失敗しないためにはどうするか」ばかりを考えるようになりますが、マスクにはそうした考え方は一切ありません。

もちろん失敗の原因は素早く調べ、素早く改善をするわけですが、かといって「今後は2度と失敗をするな」とは言いません。

それどころか火星に行くための新しいエンジンをつくるという目標を口にした際にはこう話しています。

「我々の目標は、大いなる冒険のエンジンを作ることだ。ほんのわずかでも成功の可能性がありそうならやってみようじゃないか。新しくやってみたことが大胆に過ぎたなと思ったら、元に戻せばいい」

そしてマスク自身、高温燃料ガスマニホールドをなくす、燃料ターボポンプをメインチャンバーインジェクターと一体化するといったアイデアを出しますが、こうした**みんなからのアイデアを頭から否定するのではなく、「試してみよう」と声を掛けています。少しでも可能性があるならためらうことなくやってみればいい。そしてダメならまた考えればいいというのがマスクの姿勢なのです。**

ワンポイント

アイデアがあれば失敗を恐れずまずやってみる。それがブレークスルーにつながる。

イーロン・マスクの名言

第18話

どんなものにもためらってはいけません。
想像力が限界を決めてしまいます

「セレブたちの卒業式スピーチ」

「人間が想像できることは、人間が必ず実現できる」は、「ＳＦの父」ジュール・ヴェルヌの言葉です。一説には本人の言葉ではなく、ラ・フェイ夫人の創作ではとも言われていますが、『海底二万里』や『月世界旅行』『八十日間世界一周』といったヴェルヌの小説を読めば、ヴェルヌが言ったとしても何の不思議もない言葉とも言えます。

ＩＴ企業の創業者の中にはＳＦ小説好きが多いというのはよく言われることですが、マスクも子どもの頃からたくさんの本を読み、その中に登場する宇宙の旅やスーパーヒーローに憧れています。中でもお気に入りはアイザック・アシモフの『ファウンデーション』シリーズと、『銀河ヒッチハイク・ガイド』です。こう振り返っています。

「スペースXを作った背景には、『ファウンデーション』シリーズと第０条があります」

「『銀河ヒッチハイク・ガイド』に出会ったおかげで、存在の危機から抜け出すことができました。このお話、いろいろと微妙におかしく、とてもおもしろいんですよ」

このほかにも「スーパーヒーローは、いつも、世界を救おうと戦ってるんです」と話しているように、コミックに登場するスーパーヒーローにも心躍らせています。

ある人が日本の起業家はあまりＳＦを読まないのに対し、アメリカの起業家にはＳＦ好きが多く、その差が発想力の差に関係しているのかな、という話をしていましたが、たしかにＳＦ

小説や日本の漫画の数々が描いた「未来」は着実に実現へと向かっていますし、マスクなど本気でSFの世界を実現しようとしています。

想像と科学というのはいつだってお互いに刺激し合いながら発達していくものなのです。途方もないことを想像して、口にして、それを実現するために遮二無二がんばるのがマスクのやり方です。

2012年、カリフォルニア工科大学の卒業式スピーチでマスクはこう語りかけました。

「どんなものにもためらってはいけません。（皆さんの）想像力が、限界を決めてしまいます。世界へ出て行き、魔法をつくり出してください」

多くの人は何かを夢見たとしても、「でも、こんなのできるわけないな」とやる前から諦めてしまいます。そんなことが続くとやがて想像すること、**夢見ることすらやめてしまいますが、マスクは「自分で自分の発想を制限してはいけない」と説いています。**

すごいものを「創造」するためには、最初から制限をかけるのではなく、目いっぱい「想像の翼」を広げることが大切なのです。

ワンポイント

何かを考える時、最初から「できっこないよ」と制限をかけるのはやめよう。

第19話

成功が続くと、
リスクを取る気概が失われる

「イーロン・マスク」下

「企業というのは成長して大きくなると夢やロマンが失われる」は、スティーブ・ジョブズの言葉です。どんな大企業も最初は数人でスタートし、そこで素晴らしいアイデアを生み素晴らしい製品をつくることで成長していくわけですが、成功が続き、大企業と呼ばれるようになるとリスクを恐れて夢やロマンが失われ、イノベーションを起こせなくなりがちです。

そんな大企業の足元を脅かすのが、米国ならガレージで起業する若者たちです。アップルもグーグルもアマゾンもガレージで生まれ、やがて世界を変える企業へと成長していますが、ガレージには新しいアイデアとやる気に満ちた若者が集まるというイメージがあります。こうしたベンチャー企業から見ると、大企業には資金も技術もノウハウもあるものの、肝心の夢とワクワク感が欠けていることになります。

マスクがつくり上げた格好いい電気自動車に比べ、大手自動車会社がつくる電気自動車は初期の段階ではあまりに格好悪かったわけですが、その原因は「大企業が歴史や文化に縛られ過ぎたからでは」というのがマスクの分析です。テスラもそうですが、マスクはスペースXでもあまりの規制の多さに辟易《へきえき》しています。リスクを嫌い冒険をしなかった大企業同様に、規制当局もリスクを好まず、あらゆることに規制を掛けようとします。マスクは言います。

「文明はこうして衰えていくんだな。リスクを取らなくなる。そして、リスクを取らなくなると、

動脈硬化が起きるんだ。審判がどんどん増え、プレイヤーはどんどん減っていく」

マスクはテスラやスペースXをそんな大企業にしないために、いつだってリスクを取る覚悟を示しています。空軍士官学校で士官候補生に講義をした際、こう言っています。

「エンジンが爆発しないということは、努力が足りないということだ」

爆発を恐れるあまり、一切のリスクのない設計にしてしまうと、成功するかもしれないものの、決して大きな成果につながることはありません。リスクをなくす設計ではなく、あえてリスクを取る設計に挑戦し続ける。たとえ爆発したとしても、それは一方では失敗でも、もう一方では成功でもあるのです。

成功してなお、あえてリスクを取ること、それがイノベーションを起こし続ける企業にとって最も大切なことなのです。

ワンポイント

成功してもなおリスクを取り続ける。

第3章

つくるものに愛情と知恵を注ぎ込む

イーロン・マスクの名言

第20話

私はものづくりが好きだし、多くのイノベーションを注ぎ込める分野だ

「東洋経済オンライン」2014・9・15

マスクがアメリカの他の起業家と大きく違うのは「ものづくり」に強いこだわりを持っていることです。アップルなどもそうですが、ほとんどの企業は開発や設計は自社で行っても、生産そのものはアメリカ以外の国で行ったり、他社に委託するのに対し、マスクは自社生産にこだわり続けています。

スペースXもテスラも部品を含めて可能な限り自社での組み立てを行なっています。これはアメリカの企業としてはとても珍しいことですが、特にスペースXにおける高い内製化率は他国、他社を圧倒するコスト競争力につながっています。典型的なロケットメーカーは、おびただしい数の協力会社に設計図と仕様書を渡して部品をつくらせるのに対し、**スペースXは海外業者に依存することは弱さにつながると考え、スピードとコストの点から自社開発にこだわっています。**

そこにはマスクのものづくりに対する強い自信と確信があります。こう話しています。

「完全に生産を委託するようなことはわれわれの計画にはない。私はものづくりが好きだし、多くのイノベーションを注ぎ込める分野だ」

「多くの人はものづくりを単なるコピーづくりのような退屈なものだと考えているが、われわれの考え方は違う」

ものづくりというと、いまだにチャップリンの「モダンタイムス」のような人が機械に使われる単調な仕事と思い込んでいる人も少なくありませんが、実際のものづくりにはたくさんの人間の知恵が注ぎ込まれています。イノベーションを注ぎ込むためにマスクがこだわっているのが「工場は、設計、エンジニアリング、製造を1か所にまとめる」という独特の工場づくりです。

通常、設計は設計、エンジニアはエンジニアとそれぞれ生産ラインとは離れた場所で仕事をするケースが多いのに対し、マスクはこうした人たちを1か所に集めたうえで、生産ラインのすぐそばに置いています。そして**テスラではマスク自身の机も工場のど真ん中に置いています。こうすることで工場で問題が起きれば、すぐに対応できますし、生産ラインの人間も気づいたことがあれば、すぐに設計者やエンジニアに伝えることができます。**すべては「生産ラインの隣に技術者を置かないと成功はおぼつかない」という考えからですが、この言葉からもマスクがいかにものづくりが好きで、よく理解しているかが分かります。「ものづくりが好きだ」と言い切れる経営者のいる企業は確実に強くなるのです。

ワンポイント

メーカーの成否は経営者がものづくりを好きかどうかで決まる。

21話

買った時よりいい車になるんです

「イーロン・マスク」上

マスクが考えるテスラ車の理想形は「一度買ったら（サービスセンターに）持ってこなくてもいいようにする」ことでした。

通常の自動車販売会社を見れば分かるように、そこには販売部門と一緒に車の整備場も備わっています。そしてそこで車検を含む定期点検などを行い、問題があれば修理することになります。もし車に新しい機能を搭載しようとすれば、整備場に持ち込んで取り付けるほかはありません。

一方、マスクが考えていたのは車を単なるハードウェアではなくソフトウェアと考え、問題のある個所が見つかったり、新しい機能を追加する際にはパソコンのアップデートと同じように、インターネット経由で車載ソフトを更新すればいい、というものでした。

モデルSは発売当初、「ドアハンドルがすぐにせり出してこない」という不具合がありましたが、テスラはエンジニアがインターネットからモデルSにアクセスして、ソフトウェアを更新することで問題を解決してしまいます。仮にオーナーが眠っている間に更新をすれば、朝、起きて車に乗る頃には問題は解決しており、オーナーは問題なく運転できる、というわけです。

今から10年ほど前、テスラのエンジニアがこんな話をしています。

「メルセデスがダッシュボードの見た目を変えたいと思ったら、どこか別の国にある納入業者に連絡し、あれこれ承認を取る必要があります。ダッシュボードのPの文字のデザインひとつ変える場合でも1年はかかりますよ。テスラではイーロンが『そろそろイースターだからダッシュボードにウサギちゃんの絵でも入れようか』などと言いだしても、数時間後には完了しているでしょうね」

車をハードウェアではなくソフトウェアと考えればたくさんの可能性が広がります。マスクはそのメリットをこう話しています。

「機能をいくらでも追加できるんです。加速をもっとよくすることだってできます。これは驚きですよ。買った時よりいい車になるんです」

自動車業界を取り巻く環境は今や激変し、「CASE」と呼ばれる革命が進行中です。そのうちの一つ「C」というのは「Connected=通信と車の接続」のことですが、テスラは「E=Electric=電動化」と合わせてこうした変化を先取りしながら自動車業界を確実に変えていくことになったのです。

ワンポイント

「車とは」という常識に縛られるな。常識を疑うからこそ革命を起こすことができる。

イーロン・マスクの名言

第22話

それはだれが書いたんだ？
どういう理屈でそうなってるんだ？

「イーロン・マスク」上

「世界最高の車」をつくるためには「世界最高のパーツ」「世界最高の技術」を使わなければならないというのがマスクの考え方です。そのためイギリスのロータスや日本のパナソニックなどの協力を得ながらつくり上げたのがロードスターですが、次のモデルSではマスクはさらなる挑戦を指示しています。

電気自動車の場合、バッテリーパックがかなりの重量になるため、車を軽量化するためにはボディを軽くする必要があります。そこから生まれたのが鋼板ではなく軽量アルミニウムでつくるという発想です。これ自体かなりの困難が伴いますが、さらにマスクはタッチスクリーンの採用など自動車業界初の試みにも挑戦しています。当然、車をよく知るスタッフからは「自動車業界にそんな部品はありません」という反論が出てきました。

マスクの反論はこうです。

「そんなことは百も承知だ。これまでそんな車がなかったんだから当たり前だ」

「自動車業界にない」からといって、「どこにもない」わけではありません。マスクはコンピュータ業界にどっさりあるノートPC用の17インチタッチスクリーンに目をつけ、タッチ技術に磨きをかけることで理想のタッチスクリーンをつくりあげています。「どこにもない車」をつくるためには業界にとらわれない発想が求められるのです。

結果、マスクはすごい車をつくり上げるわけですが、こうした「これまでにない取り組み」は時に規制との戦いともなります。テスラでもスペースXでも「国の規制」でやらなければならないことが沢山あるわけですが、マスクは社員から「これは国の規制で」と説明されたとしても、「じゃあ、仕方ないね」と納得することはありません。

ある時、FAA（連邦航空局）の担当者の指示を馬鹿げていると感じたマスクは直ちに担当者の上司にその馬鹿げた指示のリストをメールで送りつけ抗議しました。

すると、上司は自らの豊富な経験を誇りながら、自分の部下が間違っているなんてよくも言ってくれたなという反論のメールを送ってきました。マスクは「ダメなのはあんたの部下だけじゃない。あんたもおかしい。理由がわからないなら教えてやるよ」と再反論のメールを送ったうえで、こう断言しました。

「前に進めないような邪魔なルールがあるなら、ルールそのものと戦わなきゃならない」

マスクは業界の常識や慣行、国の規制を前にしても、「それはだれが書いたんだ？　どういう理屈でそうなってるんだ？」という疑問を投げかけます。この姿勢こそが不可能を可能にしていくのです。

ワンポイント

「決まりだから」と安易に納得するな。「なぜ？　何のため？」を問う習慣を。

イーロン・マスクの名言

第23話

ゾンビに石油施設が攻撃されても、テスラのスーパーチャージャーがあれば、全米を走り続けられる

「イーロン・マスク　未来を創る男」

マスクは2002年にスペースXを創業、2003年にテスラに出資した後、2006年に従兄弟のリンドン・ライブ、ピーター・ライブと太陽光発電の「ソーラーシティ」を創業しています。資金のほとんどをマスクが提供し、会長に就任しています。

「化石燃料からの脱却」を目指すマスクにとってはぴったりの会社と言えますが、2006年の「秘密のマスタープラン」に、「モデル展開戦略（高級車からスタートして大衆車の開発へと進む）に加え、ゼロエミッション（排出物を出さない資源環境型社会システム）の発電オプションを提供する戦略を並行して実施する」と書いているように、マスクにとってソーラーシティはテスラと並行して「炭化水素経済」から「太陽光発電経済」への転換を推し進める両輪と言えるものでした。

マスクにとってソーラーシティは電気自動車への移行を進めるうえでなくてはならない存在でもありました。マスクがつくり上げた「ロードスター」や「モデルS」はたしかにそれまでの電気自動車の概念を変える画期的な車でした。環境を重視する人にとって歓迎すべき車でしたが、一方で電気自動車の普及にはもう1つの壁がありました。

電気自動車を普及させるうえでの最も大きな障壁はインフラにあります。トヨタが進める燃料電池車の課題が水素の供給インフラにあるように、マスク以前の電気自動車も走行距離の短さと充電用インフラの少なさから「もし砂漠の真ん中で充電切れが起きたらどうする?」という課題がありました。

そんな課題に対しマスクはモデルSの発売と同時に急速充電機(スーパーチャージャー)を開発、20分の充電で200キロ以上走れるようにします。また、充電設備を全米100か所以上に設置する計画を発表します。マスクは言います。

「テスラの充電スタンドは太陽光発電を採用し、余剰電力はスタンド内のバッテリーに蓄えている。ゾンビに石油施設が攻撃されても、テスラのスーパーチャージャーがあれば、全米を走り続けられる」

ガソリン車に比べて電気自動車の弱点は充電施設の少なさにありました。しかし、マスクはそれを「できない言い訳」にすることなく、ソーラーシティと組み合わせることで最大の障壁を乗り越えようとしました。その後、マスクはソーラーシティを吸収合併し、テスラ自体を「エネルギーイノベーション」を推進する会社へと変えようとしています。

ワンポイント

「できない言い訳」をせず、「どうすればできるか」を考えよう。

イーロン・マスクの名言

第24話

われわれがやっていることは
ジャングルの中で
道を切り開くようなものだ。
後ろに地雷を埋めるようなことは
したくない

「東洋経済オンライン」2014・9・15

自動車産業の歴史において、テスラが行った最大の貢献の一つは「電気自動車って格好いいんだ」というイメージをつくり上げることに成功したことです。もしマスクがあれほどに格好いいロードスターをつくらなければ、どの企業も本気で電気自動車をつくろうとはしなかったはずですし、電動化を含む「CASE」と呼ばれる革命も起こらなかったかもしれません。

その意味ではテスラの貢献はとても大きいわけですが、それでも株式公開を経て、モデルSを発売した頃のテスラの販売台数はトヨタやVWといった大企業が年間に生産する1000万台という数に比べれば微々たるものでした。

これではマスクが望む電気自動車の時代を一気に切り開くことはできません。そう考えたマスクが打ち出したのが2014年6月に行なった「特許技術の開放」です。**同社が10年余りの歳月をかけてつくり上げた500以上の特許という成果を他社が自由に利用できるようにするという決断は業界の度肝を抜く決断でした。**

特許を囲い込むことで利益を得る方法もあります。たとえば、アマゾンは特許を参入障壁として使うことでライバルとの戦いを有利に進めています。ジェフ・ベゾスは、一回クリックするだけで商品を注文できるシステム「ワンクリック」など、数多くのサービスをつくり上げ、その多くで特許を取得、自社の競争力を高めることに成功します。

しかし、一方でそれも度を越したり、広く使われている技術まで特許で囲い込むと、業界の発展を阻害することにもなりかねません。だからこそ**マスクは特許を幅広く公開することで同業他社や外部の技術者、部品メーカーなどを巻き込み、さらなる技術革新を促進し、電気自動車の普及を加速させるという道を選びました。**マスクはこう説明しました。

「われわれがやっていることはジャングルの中で道を切り開くようなものだ。後ろに地雷を埋めるようなことはしたくない。ＥＶ開発を進めたい人の邪魔をしたくはないんだ」

電気自動車の普及のためには世界を巻き込むことが必要になります。テスラ1社の力だけでは業界を変えられないとしても、多くの企業が参入すれば世界は変わります。マスクは自らの競争優位性を捨ててでもたくさんの人や企業の参加を促進する方がいいと考え、特許の開放に踏み切りますが、その後、中国の企業などが参入することで業界における電気自動車のシェアは急速に拡大することになります。

ワンポイント

一社の力で世界を変えられないなら、他社を巻き込むことを考える。

イーロン・マスクの名言

第25話

社員が苦痛を感じているなら、
その何倍もの苦痛を感じたいのです

「クーリエ・ジャポン」

マスクの大きな特徴の一つは「率先垂範」にあります。

大企業の社長というのは何か問題が起きたとしても、自ら現場に駆けつけることはなく、部下に任せて、自分は本社の社長室などに座り、その報告を待つだけのことが多いのですが、**マスクはスペースXでもテスラでも、自分がその最前線に出て行って指揮をとることで難局を乗り切ろうとします。マスクは元々がその時間のほとんどを執務室ではなく、技術や設計の人間たちとの打ち合わせに割いています。**理由をこう話しています。

「私のデスクは工場で一番小さいし、しかもそこに座っていることなんてほとんどありません。塗装部門の社員が懸命に働いてくれるのも、私が彼らとともに現場にいるから。私は象牙の塔になんか引きこもりません」

2018年、テスラは自動車メーカーとして最大の危機を迎えます。マスクはモデル3を「週に5000台つくる」という目標を掲げます。それだけの数をつくることができれば、利益も出ますし、電気自動車の会社としてナンバーワンの地位も確立できますが、もしできなければ会社としての存続さえ危うくなるというのがマスクの見方でした。

優れた車を手作業に近いやり方で年間数千台つくることはできたとしても、トヨタなどが行っているような1分に一台というペース（もちろん一台の生産には1日以上かかります）で車を量産するのは大変な苦労を伴います。特にテスラの場合、歴史も浅く、2017年末になっても週に2000台余りをつくるのがやっとの会社が数か月後に生産台数を倍以上にするというのは大変なことです。

その難しさは大変なもので、マスクは「私たちは揃いも揃って空前絶後の大バカだった」として、2018年4月から「工場での泊まり込み生活」に入っています。その後もマスクの泊まり込み生活は続き、6月の誕生日はマスクにとって「工場で過ごした初めての誕生日」となっています。工場に泊まり込む理由をこう話しています。

「私はテスラで働く社員に多大な恩恵を受けています。私が床の上で寝るのは、道の反対側にあるホテルに行けないからじゃない。ここで働く誰よりも悪い環境に身を置きたいからなんです。社員が苦痛を感じているのなら、その何倍もの苦痛を感じたいのです」

トップが安全な場所にいて社員に「もっとがんばれ」と檄を飛ばしたところで誰もついてはきません。「共にある」ことは苦境を乗り越えるうえで最も大切な姿勢なのです。同年7月、マスクの苦労は実り週5000台を達成します。

ワンポイント

危機においてはトップは最前線で指揮を取れ。

イーロン・マスクの名言

第26話

常識では不可能なら、
非常識が必要になるわけです

「イーロン・マスク」上

テスラは今や電気自動車のトップランナーとして確固たる地位を築いていますが、その分岐点となったのが２０１８年に挑戦した「モデル3を週５０００台生産する」という目標をクリアしたことです。

車の量産には手間も時間もお金もかかります。マスクは「ラインの増設には1年かかる」と主張する幹部を首にして、「睡眠はせいぜい4、5時間で、たいていはそのあたりに転がって寝てました」という臨戦態勢で現場指揮にあたります。しかし、「倍働いた」からといって車が倍つくれるわけではありません。マスクは自ら推し進めてきたロボットを多用した生産ラインの自動化に問題があると気付くや、ロボットを取り外して駐車場に捨ててしまいます。

ロボット化というのはそれまでに人がやっていた作業をそのままロボットに置き換えると、むしろ人がやっていたよりも効率が低下することがあります。人がやっている作業から徹底的にムダを省いたのちのロボット化にこそ意味があるだけに、マスクはそれを知り、ロボットの作業を一旦、人に置き換えます。こう振り返っています。

「テスラは自動化を進めすぎた。私のまちがいだった。人間をみくびってしまった」

しかし、それでも目標は達成できないとみると、マスクは次に生産ラインの増設を進めます。本来、そのための工場をつくるとなると、やはり1年以上かかるわけですが、マスクは工場裏の駐車場にテントを立て、そこに組み立てラインを設置します。さらにそこでの作業はロボットなど使わず、すべて人の手で組み立てることにしたのです。

ところが、肝心の車を載せて動かす最新のベルトコンベアがありません。すると、マスクは生産ラインを少し傾けて設置、古いベルトコンベアと重力の力を借りて車を動かせるようにしたのです。日本のものづくりの世界に「重力と光はタダ」という言い方があります。窓をつければ明るくなるし、ものを動かすには少し傾けて重力の力で動かせばいいという考え方ですが、マスクはまさにこの通りのやり方をしたのです。こう言っています。

「常識では不可能なら、非常識が必要になるわけです」

そして3週間後、テントの組み立てラインから完成車が誕生します。2018年7月には見事に「週5000台」も達成します。マスクは言います。

「やったぞ！　不可能と言われたことをまったく新しい発想で乗り越えたんだ」

テスラは量産可能な「本物の自動車会社」となったのです。

ワンポイント

「脱常識」が不可能を可能にしてくれる。

第27話

ロボットやレゴといった
おもちゃからヒントを得ろ

「イーロン・マスク」下

マスクの特徴の一つは、1つの業界の慣習や常識にとらわれることなく、他の業界で使われている技術や部品などを当たり前のように使うことです。

電気自動車の開発ではノートPCなどに使われているリチウムイオン電池や、やはりノートPCなどで使うタッチパネルを使っていますし、スペースXのエンジンにも自動車やコンピュータの部品を使っています。新しいものを一から開発するより既にある技術や部品を利用する方が合理的という考え方です。こうした考え方はその業界にどっぷり漬かっている人には「非常識」となるわけですが、マスクにとっては「物理学の法則」に反していなければ何の問題もないどころか、積極的にやるべきこととなります。

ある時、マスクはテスラ本社での会議の席上、モデルSのおもちゃを見せながらスタッフに「なぜこうしないんだ?」と尋ねます。そのおもちゃは本物そっくりにできており、サスペンションまで見事に再現されていました。本物と違うのはアンダーボディーがダイキャストでつくられた一塊の金属だった点だけです。

車というのは、特にガソリン車は3万点近い部品を約800もの工程でつくり上げていきます。プレス、溶接、塗装、組立、検査といったたくさんの工程があり、時間もかかりますし、高い品質を維持するためには工程間の検査や最終検査も欠かせません。電気自動車の場合、部品も工程ももう少し少なくなりますが、それでもたくさんの部品を溶接したり、リベット止めしたり、接着することで組み立てます。

マスクが言いたかったのは、こうしたたくさんの工程を経ることなく、おもちゃのように鍛造機で一気につくれないのか、ということでした。エンジニアたちは実際の車はおもちゃより大きく、そんな大きなものを一気につくる鍛造機はないと説明しますが、そんなことで納得するマスクではありません。

「なんとかする方法を考えろ。でかい鍛造機を探せ。物理学の法則に反するような話はなにもないはずだ」

交渉を重ね、最終的に世界最大の鍛造機をつくったことで、融けたアルミニウムを冷たい金型に吹き込み、80秒でシャーシ全体をつくることができるようになったのです。**マスクが「ロボットやレゴといったおもちゃからヒントを得ろ」と言ったお陰で「悪夢だったものが、アホみたいに安く、簡単に、素早くつくれるようになった」のです。**業界だけにこだわらず広く世界に目を向ければ、良いものの安いものはいくらでもあるのです。

ワンポイント

世界に目を向けて良いもの安いものを果敢に取り入れる。

第4章

チャンスは絶対につかみ取れ

第28話

インターネット革命は
一生に一度のチャンスだ。
ほかのことは全部保留だ。
インターネットの波に乗る

「イーロン・マスク」上

すぐれたアイデアを思いついた時に、すぐに行動に移すことができるかどうかは成功する起業家にとって絶対条件となります。

アイデアはあるのに、「お金が」「支援者が」などと起業のための条件が整うのを待つとか、「とりあえず学校を卒業してから」などと考えていてはせっかくのアイデアも水泡に帰してしまいます。

マスクの行動はいつも迅速でした。南アフリカを離れ、アメリカに行きたいと考えた時も、条件が整わないと分かるや、母親がカナダ出身だからとカナダに移住、そこからアメリカに移住したように、マスクの辞書に「待つ」という言葉はありません。

アメリカに渡ったマスクはペンシルバニア大学を経てスタンフォード大学大学院物理学課程という超エリートコースに進んだものの、1995年にたった2日で休学しています。新聞などのメディア向けに、ウェブサイトの開発などを支援するソフトウェアを提供するというアイデアを思いついたことが休学の理由でした。

名門大学の大学院を卒業すれば学者になるにしろ就職するにしろ圧倒的に有利になります。しかし、マスクはこう考えます。

「インターネット革命は一生に一度のチャンスだ。ほかのことは全部保留だ。インターネットの波に乗る」

保険の意味で教授には「失敗したら戻ってきます」と告げたものの、教授の答えは「君は戻ってこないと思うよ」でした。こうして起業の決意をしたマスクですが、問題は起業に必要な資金でした。起業当時のマスクは学費のローンは残っていても預金はゼロ、家を借りるよりも安いからと小さなオフィスを借りてそこで寝泊りをしていました。シャワーは近所のＹＭＣＡですませ、たった一台のコンピュータを使ってプログラムとサーバーの２つの役割をさせていたほどです。当時をこう振り返っています。

「すごく貧しかったのですが、私はそれを恐れたりはしませんでした。なぜなら私は貧しくても不幸ではなかったからです。貧しくてもハッピーであることは、リスクを取る際には大きな助けになります」

チャンスの女神には前髪しかないというのはよく言われることですが、チャンスを前にすぐに行動に移すか、「できない理由」を探すかで人生は大きく変わるのです。

ワンポイント

素晴らしいアイデアを思いついたら即行動に移せ。「時機を待つ」暇はない。

第29話

電気自動車は
ろくでもないと思われてる。
そうじゃないってことを
見せつけてやるべきだ

「イーロン・マスク」上

マスクは早くから資源の枯渇に関心を持ち、電気自動車にも強い興味を抱いていましたが、スペースXを創業した当時は電気自動車をつくろうとは考えていませんでした。そんなマスクを電気自動車の世界に引き込んだのは、スタンフォード大学でエネルギーシステム工学を学び、ノートパソコンなどに使うリチウムイオン電池を使った電気自動車がつくれないかと考えていたジェフリー・ストラウベルです。

アイデアはあっても肝心の資金を持たないストラウベルは2003年10月、スタンフォード大学のセミナーでマスクに会い、マスクから「一枚かませてくれ」という言葉とともに1万ドルの提供を約束されています。その後、マスクはストラウベルやサーゲイ・ブリン（グーグル創業者）の薦めもあり、「ティーゼロ」という電気自動車の開発を進めていたトム・ゲイジとアラン・コッコーニにも会いますが、2人がつくろうとしていたのは「安くて角張った遅い車」でした。

マスクは2人にこう言います。

「電気自動車はろくでもないと思われてる。そうじゃないってことを見せつけてやるべきだ」

最初の電気自動車はどうしてもコスト高になります。にもかかわらず、その車がダサくて格好悪かったら大金を払う気にはなりません。大手自動車メーカーの電気自動車が普及しないのもそのせいです。だからこそ、マスクはつくるなら最高の車だと直感的に考えましたが、2人が同意することはありませんでした。

やがてマスクはマーティン・エバーハードとマーク・ターペニングが２００３年７月に立ち上げた「テスラモーターズ（現テスラ）」に出会い、この会社なら自分が目指す「最高の車」がつくれるのではと考えます。

「車を電動化しなければ持続可能な未来はない。この国のエネルギー構造を変えたい」というのがマスクの願いでした。但し、そのためにはダサい電気自動車ではダメで、最高に格好いい車であることが絶対条件でした。

テスラならそれができると思ったマスクはテスラに６５０万ドルもの資金を提供、筆頭株主になると同時に、会長の座も確保しています。そしてこの会社にストラウベルも入社、リチウムイオン電池を使った格好いい電気自動車づくりに取り組むことになったのです。

ワンポイント

つくるなら誰もが「格好いい、欲しい」と思うものをつくる。

第30話

あの車はすごかったのでね。
ウィリーだってできそうでしたから

「イーロン・マスク」上

マスクに限らず、IT業界の起業家たちの中にはパワーポイントを嫌う人が少なくありません。スティーブ・ジョブズもそうですし、ジェフ・ベゾスやマーク・ザッカーバーグなどもパワーポイントよりはホワイトボードを好み、スライドよりも「ものをつくる」ことを好みます。マスクもその典型で「アイデアがあれば試作品を」が基本姿勢です。

スペースXの成功と、ロードスターが生産にこぎ着けたことで絶体絶命の危機こそ脱したものの、テスラ自体の資金繰りが好転したわけではありませんでした。クリスマスのイブの日、ベンチャーキャピタルからの資金調達に何とか成功したマスクでしたが、次なる課題は大手自動車メーカーのダイムラーとの交渉でした。2009年1月、ダイムラーの調査団はテスラを訪問するにあたり、ダイムラーの小型車スマートを電動化する提案を見せてくれるようにマスクに依頼します。

こうしたケースでは多くはパワーポイントで長々と説明しがちですが、マスクはガソリンで走るスマートを購入、ロードスターのモーターとバッテリーパックを組み込みます。名もない小企業テスラを訪問した調査団一行は最初は「なぜこんな企業に」という態度でしたが、実際に走れる「電動スマート」を見せられ、試乗したことで態度が一変します。「ウィリーだってできそうなすごい車」に感心したダイムラーはテスラからのスマート用のバッテリーパックとパワートレインの供給に加えて5000万ドルの投資にも合意、テスラは大手自動車メーカーが認める会社となったのです。

続く2010年5月にはトヨタも5000万ドルの出資を決めていますが、その決め手も、自らレーサーとしてレースに出場するほどの豊田章男社長（当時）がロードスターに乗り、「新しい風を感じた」と評したことでした。マスクはトヨタとGMが合弁で設立した車両組み立て工場「NUMMI」を買収、念願の生産工場を破格の値段で手に入れるとともに、トヨタと電気自動車の共同開発にも取り組むことになります。

豊田章男が「チャレンジ精神を学ばせてほしい」とマスクを讃えたのに対し、マスクも「章男社長の祖父（トヨタ自動車の創業者・豊田喜一郎）の代からの起業家精神を再び発見する、何かのきっかけになれば」と応じています。

ダイムラーとトヨタという自動車業界のビッグネームを動かしたのはマスクのつくり上げた車です。「あの車はすごかった」とプロ中のプロに言わしめるほどのものをつくって体験させたこと、それがテスラの躍進へとつながっていったのです。

ワンポイント

すごいものをつくれば、理解者や支援者が集まってくる。

イーロン・マスクの名言

第31話

テスラが上場を果たすなど
5年前は誰も予想しなかった。
世界はひっくり返った

「日本経済新聞」2010・11・13

起業家にとっての成功の証は自分が起業した会社を他社に売ることで大金を手にするか、あるいは自らの手で株式公開にまで持っていくことです。マスクは最初の会社のZｉｐ2は大手企業に売却することで大金を手にしていますし、2社目のXドットコム（のちペイパル）は権力闘争によりCEOの座を奪われるという辛い経験をしながらも株式公開、そしてやはり大手企業への売却でここでも大金を手にしています。

いわば起業家として2度の大きな成功を手にしているわけですが、マスクにとってテスラの株式公開はZｉｐ2やXドットコムとは比較にならないほどの苦難を経たものだけに感慨深いものでした。２００８年、資金的に窮地に陥ったマスクはあらゆる手立てを尽くして危機を乗り越えますが、その後、クライスラーやトヨタが出資するほどの注目企業となり、２０１０年6月に株式公開を果たします。

自動車メーカーとしての販売実績は微々たるものであり、相変わらず同社のことを「取るに足らない存在」と軽んじる企業があったのも事実ですが、テスラの持つ電池技術は超一流であり、テスラがつくり上げた「ロードスター」の性能や格好良さを見れば、同社がださくて格好悪かった電気自動車のイメージを大きく変えたことは事実でした。こうした高い注目度や評価が創業からわずか7年での株式公開を後押しすることになりました。

アメリカにおける自動車メーカーの上場は1956年のフォード・モーター以来です。マスクはテスラが上場したことの意味をこう説明しました。

「米ゼネラル・モーターズ（GM）が破綻し、（ベンチャーである）テスラが上場を果たすなど5年前は誰も予想しなかった。世界はひっくり返った」

この日、株式市場の動き自体は低調なものでしたが、テスラの株価は公開価格を40％以上も上回り、2億2600万ドルの資金を調達しました。テスラは前年には5000万ドル以上の赤字を計上し、過去7年間で3億ドル以上の開発費をかけてようやくロードスターをつくり上げた会社でしたが、投資家たちは過去の実績よりもテスラの未来に賭けたのです。

その期待通りにテスラの株価は上昇、2017年4月に同社の時価総額はGMを抜いて全米の自動車業界でトップになり、2021年10月には1兆ドルを突破しています。株価の変動は大きいものの今も投資家たちはテスラに大きく賭け続けています。

ワンポイント

大きなビジョンは投資家たちの期待を集めることになる。

第32話

もう現実になっているのだと
世の中に示さなければならない

「イーロン・マスク」下

マスクには壮大なビジョンを語るだけでなく、その実現した姿をとにかく一刻も早く見せたいという気持ちが強くある。

スペースXでは創業から1年足らずでロケットを打ち上げると豪語していたし、テスラでもロードスターの発表や発売予定日はやはり現実離れしたものだった。ビジョンと現実にはいつだって大きなズレがあるのがマスクの特徴だが、それでも「見せたい」のがマスクだった。

Zip2時代、創業時のマスクは1台しかないパソコンで作業をしていたが、やがて同社の評判が高くなり、投資家が訪ねてくるようになった。有望な企業なら投資をしたい、というわけだ。すると、マスクはごく普通のパソコンを大きなコンピュータの大型フレームの中に入れ、さも大型コンピュータを使っているかのように見せかけた。当時を振り返って弟のキンバルはこう話している。

「投資家が来たらタワーを見せました。あれを見ると、みんな、おお、本気でやってるんだなと思ってくれるんです。笑っちゃいますよね」

コントさながらのエピソードですが、それでもベンチャーキャピタルから300万ドルを引き出したのだから大したものです。

マスクには大風呂敷を広げて、「すごいことをやっている」と思わせたがる所があります。

2019年、マスクは自らが目指す「完全自律の車（運転席に人がいなくても、呼び寄せることができて、目的地まで人を運ぶことができる車）」を投資家たちに体験してもらうべく「オートノミー・デイ」を開催しています。

マスクは完全自律の車づくりを早くから目標として掲げていますが、さまざまな理由から完成は延び延びになっています。それでもマスクは「もう現実になっているのだと世の中に示さなければならない」と、半自動運転のデモンストレーションを行います。しかし、現実にはマスクが目指すほどの機能は不可能です。それでも決して諦めることなく、「なにがなんでも実現するぞ」と「それらしきもの」を見せるのがマスクです。

同様に人型ロボット「オプティマス」のお披露目では、俳優にロボットの扮装で舞台に上がってもらったこともあります。「ロボットは楽しいもの」ということを伝えるためですが、いつの日か「それらしきもの」を「現実のもの」にしてしまうところにマスクのすごさもあります。

ワンポイント

最初は「はったり」でも、いつの日か「実現」する気持ちを忘れるな。

第 5 章

トップとして最前線に立ち続ける

第33話

起業家は毎週100時間、
地獄のように働くべき

「日経ビジネス」2014・9・29

マッキントッシュを開発していた頃のアップル社員が週80時間、90時間働いていたことはよく知られていますが、マスクの猛烈ぶりはその上をいっています。

Xドットコム時代のマスクを知る社員はこう振り返っています。

「私たちが1日に20時間死ぬほど働いたと思ったら、彼は23時間働いているんですから」「イーロンは48時間ぶっ通しでオフィスに張り付いていました」

こうした働き方は成功者となった今も変わることはなく、「起業家は毎週100時間、地獄のように働くべき」と話しているように、マスクはスペースXやテスラを設立して以降、働き詰めに働いてほとんど休暇をとらなくなっています。休暇をとらない理由の一つにはペイパル時代の苦い経験も影響しています。

マスクに3つの会社を起業するほどの資金力を与えてくれたのはペイパルの成功ですが、同社はマックス・レブチンとピーター・ティールが創業したコンフィニティ社とマスクのXドットコムが2000年3月に経営統合して誕生した会社であり、両社の企業文化の違いやビジョンの違いから権力闘争の多い会社でもありました。2000年9月、CEOのマスクが新婚旅行で不在となった隙をついて、マックス・レブチンがクーデターを起こし、マスクを解任してしまいます。マスクはこう悔やみました。

「こういう出来事があるから、休暇は頭痛の種なんです」

アップルを追い出された後、ジョブズはすぐに新しい会社を立ち上げますが、この時のマスクは「私にとって会社は子どもであり、ソロモンの書に出てくる母親と同じで、私も、会社を生き残らせるためであれば手を引く」と現実を素直に受け入れます。もしこの時、マスクが怒りに任せてペイパルから離れていれば、その後の人生は大きく変わったはずですが、辞任を素直に受け入れたことでペイパルは2002年2月に株式を公開、かねてよりペイパルの買収を考えていたイーベイが15億ドルで同社を買収、マスクは3つの会社を創業するほどの資金を手にすることとなりました。

と同時にマスクはこの時、やけを起こすことなく、ペイパルのメンバーとの関係修復にも努めたことで、彼らとのちに「ペイパル・マフィア」と呼ばれる固い絆で結ばれ、お互いを支援し合うようにもなっています。「ペイパルの乱」を耐えたことでマスクは多額の資金と仲間を得る一方、人は安易に休むことなく猛烈に働かなければならないという教訓を得てその生き方を今も貫いています。

ワンポイント

圧倒的に成功したければ人の何倍も働く。

第34話

最高経営責任者でなければ、本当の意味で最高技術責任者とか最高製品責任者とかになることもできないとあのとき学びました

「イーロン・マスク」上

日本においては起業したばかりのスタートアップ企業に多額の資金を提供してくれる金融機関もベンチャーキャピタルもほとんどありませんが、アメリカの場合、「この企業の将来性は高い」と判断すれば、たとえ売り上げが小さく利益も出ていなくても、ベンチャーキャピタルが多くの資金を提供してくれます。将来、その企業が成長して株式公開をすれば、投じた資金の何倍ものリターンが得られるからです。

とてもありがたい仕組みですが、一方で起業家があまりに若く、また経験も浅い場合には経験豊富な経営者を雇うことを勧めてきます。アップルを創業したスティーブ・ジョブズはまだ20代半ばの若造であり、プロ経営者とも呼べるジョン・スカリーをスカウトしていますし、グーグルの場合もエリック・シュミットを外部から招聘《しょうへい》しています。マスクが創業したZip2も1996年、モーア・ダビドー・ベンチャーズから300万ドルの投資を受けることに成功していますが、その条件として音響機器の会社で事業開発を統括していたリッチ・ソーキンをCEOに迎え入れ、マスクは最高技術責任者になっています。

そのお陰でマスクはかねてから欲しいと思っていた1967年式のジャガーEタイプを購入するなど、最初は「これで製品開発に集中できる」と歓迎しますが、ほどなくしてCEOと対立するようになります。新経営陣が製品を新聞業界を中心に販売するのに対し、マスクが思い描いていたのは消費者に直接販売することで、いずれはヤフーやAOLと勝負できるような会社になることでした。

さらに経営陣はシティサーチという会社との合併も進めようとします。マスクはこうした方針に強く反対、自分をCEOに戻すように要求しますが、取締役会はマスクから最高技術責任者という役職を解いたうえに、権限も縮小します。マスクは「ベンチャーキャピタルや経営のプロと言われる人々と仕事をしてもろくなことにならない。創造性もなければ眼力もない」と批判するとともに、「最高経営責任者でなければ、本当の意味で最高技術責任者とか最高製品責任者とかになることもできない」ことを痛感します。

マスクはその後に創業するXドットコムでもスペースXでもテスラでもCEOにこだわりますが、その背景にはこの時の苦い経験があります。最終的にZip2はコンパックに買収され、マスクは2200万ドルを手にすることになりますが、Zip2はマスクに大金だけでなく経営者としての覚悟も植え付けてくれたのです。

ワンポイント

やりたいことがあるのなら権限は安易に手放さない。

イーロン・マスクの名言

第35話

チームメンバーに
愛してもらうことなど
仕事ではない。
そんなのは百害あって一利なしだ

「イーロン・マスク」上

滅茶苦茶頭がいい人の欠点の一つとして挙げられるのが、「他の人がなぜできないのかが理解できない」です。

結果、誰かを怒らせたり、誰かを不愉快にすることもしばしばです。

マスクはＺｉｐ2時代から猛烈な仕事ぶりを発揮しています。昼間はもちろんのこと夜もほとんど仕事ばかりしていますし、それと同じことを他人にも平気で要求します。Ｘドットコム時代、そんな猛烈ぶりについていけない社員の中にはマスクにＣＥＯを辞任してくれるように要求する者もいたほどですが、マスクがそんな要求を飲むはずもありませんでした。一緒に働く仲間への気遣いも欠けていました。

Ｚｉｐ2時代、技術者たちが書いたプログラムを勝手に覗いてはダメな部分を無断で直しては彼らを不愉快にさせていますし、別の時には量子力学の公式を使って量子確率を計算している社員の間違いに気づき、「おいおい、どうしたらそうなるんだ」と直したことで、相手の気分を害しています。マスクはこう振り返っています。

「間違いは直してあげるのが当たり前だと思っていたけど、それが原因で本人の働きぶりが悪くなるとはね」

マスクには幼い頃から人の誤りを放っておけないところがあり、それが原因でしばしば人と衝突しています。スポーツチームのキャプテンをしたこともなければ、友だちをまとめるリーダーであったこともありません。目指すのは「勝つこと」であり、「すごい成果をあげる」ことです。グーグルが提唱した「心理的安全性」などマスクの関与するところではありません。こう言い切っています。

「チームメンバーに愛してもらうことなど仕事ではない。そんなのは百害あって一利なしだ」「クビにするタイミングを先送りすればするほど、とっととクビにしとけばよかったと後悔する時間も長くなる」

こうした割り切りはツイッター（現X）を買収した際などにいかんなく発揮されていますが、一方でそんなマスクと一緒に働くことで世界を変えるほどの仕事ができることにやりがいを覚える人がいるのもたしかです。マスクにとって大切なのは「仲良しのチーム」ではなく、「圧倒的成果を上げるチーム」なのです。

ワンポイント

「成果がなければ温かな会話も思いやりも無意味」と知ろう。

イーロン・マスクの名言

第36話

やる気と汗とリスクがそろわなければ
共同創業者にはなれないのです

「イーロン・マスク」上

ある大企業の創業者が自分の子どもを後継者にしない理由について、「子どもに創業者と同じことはできない」と話していました。創業者の多くは何も持たない中から知恵と汗を振り絞って起業し、大変な苦労をしながら企業を成長させています。一方、成長した企業の経営者も苦労はしても創業者の味わったような苦労をすることはありません。その経営者によると、創業者というのはある意味「狂気の人」だけに、自分の子どもに創業者と同じようなものを求めるのは無理だというのです。

グーグルの創業者ラリー・ペイジが創業の頃の苦労について、「インスピレーションを得るには、たくさんの汗（パースピレーション）が必要である」と、「僕たちは本当に一生懸命にやってきた」と振り返っていました。幸いペイジとサーゲイ・ブリンの苦労は「最終的には実を結んだ」ものの、「まったく大変だった。やはりすごく努力しなければならなかったからね」と話しています。

起業にはこれほどの苦労がありますが、かといって絶対の成功が約束されているわけではありません。そのためマスクはスペースXの起業にあたり、有能なエンジニアから「報酬の2年分を第三者預託にしてくれるよう」に求められ、それを承諾はしたものの、「彼は共同創業者ではなく、社員だ」と考えるようになります。

マスクが他の起業家と異なる点は、リスクの高い事業を始めるにあたって、自分が持っているお金のほぼすべてを投じる点にあります。通常、成功した起業家は2度目の起業では自分の「成功した」という信用を武器にベンチャーキャピタルなどから資金を集め、自分のお金はある程度確保しておくのに対し、マスクは惜しげもなくすべてを投じます。なおかつ、自ら率先して目茶苦茶働きます。

ペイパル時代の仲間の1人マックス・レブチンによると、マスクがやろうとするのは「シリコンバレーの常識としてはクレイジーな賭け」であり、みんなが「うまくいくはずがない」とおもっているにもかかわらず、それを成功に導くところに驚きがあると言います。マスクは言います。

「やる気と汗とリスクがそろわなければ共同創業者にはなれないのです」

マスクにとって起業には圧倒的なやる気と、膨大な量の汗と、そしてリスクを恐れない勇気が必要なのです。これらが揃って初めて起業家は成功することができるし、目指す目標に到達できるのです。

ワンポイント

成功にはやる気と汗と、リスクを取る勇気が必要だ。

第37話

気が狂いそうな切迫感をもって
仕事をしろ

「イーロン・マスク」上

マスクは「起業家は週100時間働け」と言うように、最初の会社であるZip2の頃から猛烈な働き方をしています。そうすることで不可能を可能にしてきたわけですが、そのせいかテスラでもスペースXでも社員に自分と同じような考え方、働き方を求める傾向があります。

スペースXの人材募集にはこう書いていました。

「スペースXは特殊部隊のように誰もが不可能だと思う任務を遂行する会社だ。会社が目指すゴールはバカみたいに野心的だが、私たちはそれを実現する。スペースXには、人類の未来に信じられないような影響を与える可能性がある」

「不可能を恐れず、狂ったように挑戦的なプロジェクトに、タイトなスケジュールでも取り組める人材を求めている」

たしかに世の中には「世界を変える」ことに憧れを抱き、「世界を変えた」起業家とともに働きたいと考える人がいるのも事実です。だからこそ、マスクの下にはハードワークをものともしない才能あふれる人が集まってくるわけですが、それでもなおマスクはこうしたハードワーカーたちの尻を叩き続けています。

2020年、スペースXが宇宙飛行士を宇宙ステーションに運ぶという偉業を成し遂げた直後、マスクは夜遅く会社を訪ね、残って仕事をしている社員がほとんどいないのを知り激怒します。

一緒にいたバイスプレジデントに「なぜ社員がいないのか?」「社員は何をしているべきなのか?」について48時間以内に報告しろと命じたほどですが、なぜそれほどにマスクはハードワークにこだわるのでしょうか?

マスクの根底には「気が狂いそうな切迫感を持って仕事をしろ」があります。同じロケット開発のボーイングのような**ぬるま湯で仕事をしていたら、イノベーションなど絶対に起こせないし、自分が目指す目標など到達できません**。

ビジョンを達成するためには、常に「切迫感」を持ち、「不可能を恐れず、狂ったように挑戦的なプロジェクトに、タイトなスケジュール」で取り組むことが必要だというのがマスクの考え方です。

マスクの下で働くのはたしかに大変ですが、トップのこれほどの強い思いがあるからこそ世界を変えることができるのもまた事実です。

ワンポイント

イノベーションはぬるま湯ではなく切迫感の中から生まれてくる。

イーロン・マスクの名言

第38話

テスラは地球上で最も興奮する、
意義のある製品を生み出してきたし、
これからもそうしていく。
これは電話をかけるだけでは起きない

「マスクのXより」

2020年に入り、世界を混乱に陥れたのが新型コロナの世界的な感染拡大です。多くの国で驚くほどのスピードで感染が広がり、死者も増加したことで、人々に外出を禁止したり、飲食店や工場を閉鎖するといった動きが広がりました。

マスクが暮らすアメリカでも州によって多少の違いはあるものの、外出禁止令などが発令されたことで多くの企業が社員にそれまでのような「出社」を求めるのではなく、自宅で勤務する「テレワーク」へと舵を切ることになりました。

こうした動きに対し、マスクは早くから反旗を翻していました。テスラの工場を閉鎖することに対して、「ほんの少しでも調子が悪いと感じたら出社には及ばない。それこそ不安を覚えただけでもだ。ただ、私自身は仕事を続ける」というメールを社員に送ることで、操業を続けることを伝えています。

さらにフリーモント工場のある郡当局からの工場の閉鎖を命じるという脅しに対しては裁判所に異議を申し立て、「マスクの着用などの感染防止策を講じれば工場の操業を認める」というお墨付きを得ています。

そして2022年5月にはテスラとスペースXで働く幹部に対して、「週40時間の出社」を求めたうえで、「もし姿を見せなければ、あなたが辞職したとみなす」という趣旨のメールを送っています。こちらはすぐに拡散され、世界中でニュースとなります。「週40時間の出社」は事実上のテレワークの否定だけに、あまりの横暴さにマスクを批判する声が上がります。テレワークを推進する企業を「人に優しい企業」と讃えることでマスクの経営姿勢を批判する人もいましたが、マスクはそうした批判をものともせずにこう反論します。

「こうした要求をしない企業もあるが、彼らが最後に偉大な新製品を出したのはいつか？」

「テスラは地球上で最も興奮する、意義のある製品を生み出してきたし、これからもそうしていく。これは電話をかけるだけでは起きない」

マスクの「上から目線」の言い方に反発する人も多かったものの、たしかにイノベーションは人が顔を合わせ、会話する中から生まれるのも事実です。言い方は乱暴ではあっても、マスクには自分たちがやっていることへの自信と確信がありました。

ワンポイント

たとえ批判されても自分のやり方に自信を持つ。

イーロン・マスクの名言

第39話

運命なんて
そうそう簡単に変えられるものじゃない。
9時5時でどうにかできるような
ことじゃないんだ

「イーロン・マスク」下

マスクが週100時間遮二無二働くのは、大金を手にするためでも、贅沢な暮らしをするためでもなく、本気で「人類を救いたい」と考えているからです。マスクが生きている間に人類を危機に陥れるような事態が起こると信じている終末論者ではありませんが、地球の資源が枯渇するのを少しでも延ばし、人類が他の惑星でも生きていけるようにすることが自分の使命と考えているのはたしかです。

だからこそマスクはいくつもの会社のCEOを務め、猛烈に働いているわけですが、その分、社員の働き方については厳しくならざるを得ません。

アメリカのIT系の起業家に共通することの一つは、部下や取引先からの「ノー」を受け取らないことです。マスクももちろん「ノー」を黙って受け取ることはありません。マスクから要求された無理難題にある社員が「それは現実的ではありません。不可能です」と反論したところ、こんな言葉が返ってきました。

「君は不可能を可能にするためにこの会社にいるはずだ。できないのであればここで働く理由が僕には理解できない」

別の社員はマスクからやはり無茶な要求をされ、言葉を濁しているとマスクがじっと睨みつけるように見続けたため、首を縦に振ったところようやく視線から解放されたといいます。どんな時でもマスクが社員の「このままじゃ無理です」を黙って受け取ることはありません。何の対策も示さない「無理です」は「即クビ」を意味するほどマスクは「できません」を嫌い「できる」を当然視しています。

また、ある社員が妻の出産に立ち会うためにイベントを欠席した際、マスクはこんなメールを送ります。

「本当にがっかりした。何を優先すべきか考えたことがあるのか。私たちは世界を変えようとしているし、歴史を変えようとしている。やるのか、やらないのか、どちらかはっきりしてもらいたい」

さらに予定通りに仕事が進まない時、こう言ったこともあります。

「人類の運命がかかってるんだぞ? 運命なんてそうそう簡単に変えられるものじゃない。9時5時でどうにかできるようなことじゃないんだ」

これらをパワハラととるか、人類を救いたいと考える本気の言葉ととるか。どちらを選ぶかでマスクと働けるかどうかが決まります。

ワンポイント

ビジョンの前にはとことん本気であれ。

第40話

将軍が姿を見せれば、
まちがいなく、
兵の士気は上がります

「イーロン・マスク」下

「上司が部下を見抜くには時間がかかるが、部下は上司を3日で見抜く」という言葉があります。上司というのはたくさんの部下を抱え、その性格や能力をつかむにはある程度の時間がかかりますが、部下というのは上司の言動から「この人はどういう人か」「何かを本気でやろうとしているのか」を簡単に見抜くものです。

上に立つ人間の本気について徳川家康がこんなことを言っています。

「一軍の将たる者は、味方のぼんのくぼを見ていて、敵などに勝てるものではない」

「ぼんのくぼ」というのは、頭の後ろから首筋にかけてのくぼみのことです。つまり、自分は前に出ることをせず、前にいる家臣の後頭部ばかりを見て指示しても、人は言うことを聞かない、という意味です。

マスクはいくつもの企業のCEOですが、それらを統括する巨大な本社ビルを構え、豪華な部屋に籠っているというタイプではありません。テスラやスペースXではエンジニアや設計者は生産ラインのそばで仕事をしろと指示していますが、マスク自身も時には工場の中に机を持ち込み、生産現場を見ながら仕事をして、そこで寝るということもあったほど、現場に近いトップと言えます。

スペースXの打ち上げも頻繁に現場に駆け付け、爆発などのトラブルがあれば、みんなの制止を振り切ってでも現場に駆け付けようとするほどです。

「将軍が姿を見せれば、まちがいなく、兵の士気があがります。一番いい戦いになるのはナポレオンがいる戦場なんです。私も姿を見せるだけで特になにもしなくても、夜通し飲んで騒いでいるわけじゃないんだと思ってもらえますからね」

というのはマスクの弁ですが、時にマスクの存在は現場を委縮させることもあります。マスクと一緒にＯｐｅｎＡＩを立ち上げたサム・アルトマンはスペースＸの工場をマスクの案内で見学した時の印象をこう話しています。

「イーロンが近づいてくるのに気づくとさっと逃げたり視線をそらしたりする技術者がいるのがおかしくてね。かなり怖がられているようです」

但し、マスクがロケットについて細かなところまで理解しているのには感心したとも話しています。マスクが現場に顔を出すことでそこで働く人たちの士気が上がるかどうかは疑問がありますが、マスクが現場に強い関心を持ち、現場を良く知っていることはテスラやスペースＸのつくる力を引き上げるうえではたしかに大きな効果を発揮しています。

ワンポイント

現場に近い、現場に関心を持つリーダーこそが、つくる力を高めることができる。

イーロン・マスクの名言

第41話

『私たちは世界に役立つことをしている』。
それが一番大事で、
それこそが私のモットーです

「日経ビジネス」2014・9・29

「世界が少しましなのはアップルがあるからだ。誰かがいいコンピュータをつくらないとね。アップルがやらなければ、おそらくどこもやらないだろう」は経営危機に陥ったアップルを救うため暫定CEOに復帰したスティーブ・ジョブズの言葉です。最高のコンピュータをつくれるのは自分だけだし、それこそがアップルの使命だという自負が伝わる言葉です。

マスクにもこうした強い自負心があります。テスラが生み出した電気自動車は間違いなく世界を変えました。電気自動車には大きな市場があり、電気自動車に消費者がお金を喜んで払うという事実を世界中に知らしめたのはマスクの功績です。

反面、そこに大きな市場があると分かれば、大手自動車メーカーが本気で生産に乗り出すのも当然のことです。大手が大量生産を開始すると、テスラの存在意義は薄れ、競争でも不利になるのではと質問されたマスクはこう答えています。

「最終的に自動車大手がテスラよりも優れたEVを生産できるようになれば、テスラは存在する必要はありません。優れたEVをつくっている限り、テスラの存在意義があるのです」

企業の目的、経営者の目的はさまざまです。

なかには売上げの最大化を目標に成長を加速させる経営者もいれば、利益至上主義を掲げて儲かる会社づくりを目指す経営者もいます。起業家にはそれぞれ起業への想いがあり、その企業でどんなビジョンを実現しようとしているのかが企業の価値観を決め、企業の将来を大きく左右することになりますが、マスクは企業の目標を大きさや利益以外のところに置いています。自らの目標についてこう話しています。

「私は単純な成長だけを目的に企業を成長させようとは思っていません。会社の成長よりもEVをもっと普及させることの方がはるかに重要です。それが世界にとって良いことだからです。株価うんぬんは関係ありません。『私たちは世界に役立つことをしている』。それが一番大事で、それこそが私のモットーです」

マスクにとって大切なのは持続可能な社会を実現し、人類を救うことです。その思いでリスク覚悟で電気自動車の生産に挑み、自動車業界に革命を起こした結果がテスラをトヨタなどをはるかに上回る時価総額を誇る企業へと押し上げたのです。

ワンポイント

売上げや利益よりも大切にすべきものがある。

第42話

明るい未来を信じられる仕事を創ること、
それこそがリーダー自身の誇りにも
繋がっていくと思うのです

「GOETHE」

マスクがビジネスに取り組んでいる目的はとても明確です。

人口爆発と限りある資源という問題を抱える人類と地球環境を守るために持続可能なエネルギーを実現することと、人類の新しい環境を宇宙に求め、地球を含む多惑星で暮らすことのできる未来を実現することです。

しかし、マスクは決して悲観論者でもなければ、終末論者でもありません。では、なぜ電気自動車の普及やロケットの開発に懸命になるのでしょうか？

それはリーダーの責務であるというのがマスクの考え方です。こう話しています。

「今という時代に私を含めこれからのリーダーや経営者にとって必要なものとは何でしょう？ 明るい未来を信じられる仕事を創ること、それこそがリーダー自身の誇りにも繋がっていくと思うのです」

今という時代は解決すべきたくさんの問題を抱えています。それらの問題を一朝一夕に解決することはできないにしても、解決に向けて着実に歩を進め、結果、「持続可能エネルギーの問題を解決し、別の惑星でも生きていける文明を築き、人類が複数の惑星にまたがって活動できるようになればいい」というのがマスクの願いです。

なかにはこうしたマスクのＳＦじみたことに莫大な資金を使うことに批判的な人たちもいま

すが、マスクはこう話しています。

「資源の99%以上は地球上の問題解決に向けられるべきだ。しかし、問題を解決することだけが人生ではないはずだ。心を動かされ、朝起きた時の喜びや将来への期待を抱かせるようなものでなければならない。多惑星種となり、宇宙旅行をするようになって、『SF』を現実にするんだ」

人類にとって宇宙へ行くという以上に壮大な物語はありません。それらは所詮はSFの世界の出来事だったわけですが、マスクはそれを本気で実現しようとしています。それは「世界を救う」という使命感からですが、同時に「SFを現実にする」というワクワク感も抱かせてくれるものです。終末論に与することなく、自分たちの未来を自分たちの手で切り開くという強さがあります。

「どうせなら人類の未来は明るいと考えながら死にたいね」と願うマスクは、だからこそ今、テスラやスペースXに持てるすべてを注ぎ続けているのです。

ワンポイント

リーダーには「明るい未来」を切り開く責務がある。

第 6 章

人生の目標の掲げ方。どう生きるか

第43話

物理学を修めて製品を開発することと、
ビジネスの学位を持つ人の下で働くのは
絶対に避けること、これが目標でした

「イーロン・マスク」上

アメリカを目指してカナダに移住したイーロン・マスクが最初に入学したのはカナダのクイーンズ大学です。ビジネスや経済、微積やコンピュータプログラミングを学んでいますが、講義の内容が物足りないと感じたマスクは、クラスメートの1人が移籍したペンシルバニア大学への移籍を考えます。

しかし、父親からの援助はなく、母親が3つも仕事を掛け持ちして何とかやり繰りしている状態では学費の高いアメリカの大学への移籍は決して簡単ではありません。

それでも幸いにして1万4000ドルの奨学金を得て、学生ローンも利用できるということで、1992年、3年生に上がる時点で名門ペンシルバニア大学への移籍を実現します。専攻は最も関心のある物理学ですが、マスクは同時に有名なビジネススクールのウォートン校で経済学の学位も修得しています。

文系と理系が分かれている日本の感覚では物理学とビジネスというのは変わった組み合わせですが、マスクはその理由をこう話しています。

「ビジネスの勉強をしないと、その勉強をした人の下で働くしかなくなりそうだと思ったのです。物理学を修めて製品を開発することと、ビジネスの学位を持つ人の下で働くのは絶対に避けること、これが目標でした」

マスクは幼い頃から独立心旺盛な子どもだっただけに、大きな会社や組織に入り、そこで自分が「おとなしく使いやすい部下」になれるとは思っていませんでした。当時からテスラやスペースXといった巨大企業の起業を考えていたわけではありませんが、早くからインターネットや持続可能なエネルギー、宇宙に関心を持っていただけに、その実現には「たくさんの人の力を結集する」難しさがあることはよく理解していました。

「私は物理と商業を学びました。そういったこと(インターネットや持続可能なエネルギー、宇宙への移住)の多くをするためには、宇宙がどのように動いているかを知る必要があるし、経済がどのように動いているかを知る必要があり、そして何かをつくり出すためには大勢の人を取りまとめて協力してもらう必要もあると思ったからです。もしそれがすごいテクノロジーであれば、個人で何かを成すのはきわめて困難ですから」

壮大なビジョンの実現には大勢の人をまとめ動かす力が不可欠なのです。

ワンポイント

自分が何をしたいかどう生きたいのかを考え、着実に準備を重ねる。

第44話

大学で物理を学んでいた頃、
地球上の資源は限られていて、
対策を何もとらなければ、
今は当たり前にしている
『移動する』という行為自体が
困難になると考えました

「クーリエ・ジャポン」2010・4

マスクの会社というとスペースXと並んでテスラが有名ですが、前者がマスクが創業した会社であるのに対し、後者に関しては最初は投資家として関わり、やがてCEOとして成長を牽引した会社です。

では、スペースXだけでも大変なマスクはなぜテスラに関わるようになったのでしょうか？理由は大学時代に抱いた強い危機感があるからです。マスクは言います。

「大学で物理を学んでいた頃、地球上の資源は限られていて、対策を何もとらなければ、今は当たり前にしている『移動する』という行為自体が困難になると考えました」

石油に限らず、資源には限りがあります。さらに、石油などの資源を使って発電する限り、電力の供給も限界を迎えます。そしてより深刻なのが「資源の枯渇」です。英国の石油会社BPによると、石油の可採年数（採掘可能な残りの年数）は2020年末現在で「53・5年」と見積もられています。

マスクが大学生になった1990年には「45年」と見積もられていました。つまり、この時点では2035年には資源が枯渇するわけですから、マスクが強い危機感を抱いたのは当然のことと言えます。もっとも、可採年数自体は奇妙なことに、この何年かは「あと50年」と言われ続けています。技術の進歩によって採掘可能な石油埋蔵量が増えるといったおかげと言えますが、どれほど技術が進んだとしても石油に依存し続ける限り「いつか」限界が来るのはたしかです。

だとすれば、太陽光など自然エネルギーによる発電と電気自動車を組み合わせることで、「人間の移動手段を化石燃料から解き放ち、太陽光発電などに基づいた持続可能なものにする」のが唯一の解決手段というのがマスクの考え方でした。

だからこその太陽光発電であり、電気自動車のテスラなのです。さらにこうした取り組みをすることで人類が地球上で快適に暮らす期間を延ばすことができれば、人類を火星に移住させるためのロケットなどの技術開発の時間も稼ぐことができるというのがマスクの考えです。

「このままではいずれ資源が枯渇する」からと環境保護の大切さを訴える人はいますが、**マスクのように解決に向けて起業する人はほとんどいません。マスクの行動の原点には強い危機意識と、「人類を救いたい」という思いがあるのです。**

ワンポイント

強い危機意識が困難を乗り越える力になる。

第45話

女性には週にどのくらい
時間を割けばいいのか、
10時間くらい？

「NIKKEI BUSINESS」2012・11・5

マスクは自らを「ワーカホリック」と称するほど仕事が大好きです。

ハードワークはマスクに起業家としての成功をもたらしますが、私生活には混乱しかもたらしていません。マスクは大学時代に知り合ったジャスティン・ウィルソンと最初の結婚をしていますが、マスクのハードワーカーぶりと、亭主関白ぶりに怒りを覚えたジャスティンが「私はあなたの妻よ。貴方の部下ではないわ」と抗議すると、マスクはこう反論します。

「もし君が僕の部下だったらきっと首にしているさ」

マスクは一緒に働く部下に容赦ない姿勢で臨むことで知られていますが、それでも「妻」を「部下」に例えるのはさすがに行き過ぎです。

その後、二人の間には双子と三つ子の5人の子どもが生まれましたが、マスクがさらに仕事にのめり込んだことで、二人の距離はいっそう開き、2008年のある日、マスクはジャスティンに「今日関係を修復するか、明日離婚するかだ」と告げ、翌日には離婚を決めています。

普通、これだけの経験をすれば再婚には躊躇するものですが、マスクは離婚からわずか6週間後にイギリス人女優のタルラ・ライリーと婚約、2010年に再婚します。当時、マスクはテスラやスペースXを経営する大金持ちでしたが、両社ともまだ確固たる成果を上げておらず、子どもが5人いるということでライリーの両親は猛反対しましたが、ライリーは出会ってほんの数週間で結婚を決めています。

結婚にあたりマスクは大きな指輪を渡して真剣にプロポーズしていますが、この言葉を付け加えることは忘れませんでした。

「僕と一緒になるということは、苦難の道を選んだことになる」

たしかに言葉通り、2008年にマスクは財産のほとんどを事業に注ぎ込み破産の危機に直面するなど苦難の時代を迎えます。マスクと結婚すること、それはジェットコースターのような人生を共に送るということなのです。そしてマスク自身、ある時、こんな悩みを口にしています。

「仕事と子どもたちとの時間はうまく割り振れているが、デートにもう少し時間がとれたらと思う。でも、女性には週にどれくらい時間を割けばいいのか。10時間くらい？」

ハードワーカーにとってワークライフバランスは望むべくもないのでしょうか。

ワンポイント

時にワークライフバランスを忘れて突き進め。

第46話

AIがここまで来てるのに、
ツイッターについてあれこれ考えるのに
時間をたくさん使っていいのかな
と思うんです

「イーロン・マスク」下

イーロン・マスクはあまりに忙しすぎます。テスラとスペースXを経営するだけでも大変なのに、スターリンクやザ・ボーリング・カンパニー、ニューラリンク、X・AIを抱え、そこに2022年にはツイッター（現X）が加わったわけですから、これではいくら時間があっても足りるはずがありません。

マスクは若い頃からハードワーカーであり、食事に関しても「食事を取らなくても済む方法があれば、もっと仕事ができる」と言うほど、持てる時間のすべてを仕事に注ぎ込みたいと願っていました。もちろん現実には不可能なわけですが、それでも数時間の睡眠を除けば、1日のほとんど仕事をしています。

とはいえ、これだけ多くの企業を抱え、それぞれがあまりに大きすぎるミッションを掲げていては、どの企業にどれだけの時間を割けばいいのか悩むのは当然のことです。なかでもツイッターの経営は厄介でした。理由はツイッター以外のマスクが経営する会社がマスクが起業、あるいは早くから経営のかじ取りをしてきただけにマスクの考え方が浸透しているのに対し、ツイッターは4人の起業家によって創業され、創業者たちが早くに手を引いたことで自由ではあっても、それほど確固たる経営理念やビジョンを持たないからです。ツイッターの社員との会議後、マスクはこう話しています。

「ツイッターについてあれこれ考えるの、少し控えた方がいいのかもしれません。今、こういうお話をしているのも、多分、時間のムダなのでしょう」

別の機会にはこうも言っています。

「AIがここまで来てるのに、ツイッターについてあれこれ考えるのに時間をたくさん使っていいのかなと思うんです。世界一の金融機関にしようと思えばできるでしょう。でも、私のブレインサイクルは限られているし、1日に使える時間も限られています」

マスクは「何に時間を使うべきなのでしょう」と自らに問いかけたうえで、人類を火星に移住させるミッションや、AIの開発こそが最優先なのでは、という答えを出しています。

昔から言われることですが、1日が24時間というのはみんなに共通していますし、時間こそが成果を上げるうえでの制約条件というのも事実です。時間をどのように、何に使うかはマスクに限らず誰にとっても重要な問いなのです。

ワンポイント

時間をどのように何に使うかはいつも真剣に考えよう。

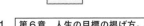

イーロン・マスクの名言

第47話

強烈なプレッシャーがかかるのは
よくありません。
でも、あれもこれも
みんな順調というのも、よくないんです

「イーロン・マスク」下

マスクの特徴の一つは置かれている状況が困難であればあるほどファイトを燃やすところと、どれほどの困難が横たわっていても決してギブアップしないところです。

テスラの会長に就任した当初、マスクは「次世代のGMになる」と話していましたが、やがて創業メンバーのジェフリー・ストラウベルはこう嘆くようになりました。

「自分たちが挑戦していることの難度を相当、過小評価していました。サプライチェーンの複雑さ、製造工程の複雑さ、電池設計の複雑さといったことです。まるで迷路の中にいる気分でした」

開発の困難さに加え、何度も資金難にあえいでもいます。2018年には「モデル3」の量産化の難しさから「自動車ビジネスは地獄だ」とさえ呟いています。

なぜこれほどの苦労を強いられても宇宙ロケットの開発や電気自動車の開発に突き進むのでしょうか。こう話しています。

「困難が多い事業こそ、やりがいが大きくて面白い」

マスクのことをよく知る人がこう評しています。

「どんなに厳しい状況でも生き残ってきた。働き続け、集中し続けた」

すさまじいプレッシャーにさらされると、たいていの人は判断ミスをしたり、あきらめてしまうものですが、マスクはあきらめることなく努力し続けます。こう話しています。

「暗闇のような日々の中で、絶望は頑張ろうという強烈なモチベーションにつながります。もしあなたの会社が大きな借金を抱えているなら、それは強いやる気にもなります」

だからこそ、マスクはこれまで不可能と言われた事業を可能にしてきたわけですが、さすがのマスクも2022年にはこうも言い始めています。

「強烈なプレッシャーがかかるのはよくありません。でも、あれもこれもみんな順調というのも、よくないんです」

マスクは自ら認めているように、強すぎるプレッシャーが続くと、「心の健康状態が波のように上下する」といいます。そのためには強すぎるプレッシャーは避けるべきなのでしょうが、一方で「順調過ぎても良くない」というところにマスクらしさもあります。順調だからこそツイッターという厄介者に手を出してしまう。マスクにとって適度なプレッシャーはモチベーションを維持するものなのかもしれません。

ワンポイント

プレッシャーさえも力に変えていく。

第48話

今の子たちには、
逆境を人工的につくるしかないね

『イーロン・マスク　未来を創る男』

マスクの子ども時代は決して幸せに満ち満ちたものではありません。父エロルの事業が成功したことで大豪邸で暮らし、海外旅行も経験していますが、両親の別居によって母親との生活を送ったこともあります。

学校も決して平穏な場所ではありませんでした。「手荒にするのはいいことだとされていた」と弟のキンバルが話しているように、身体の大きい子は小さい子を殴り、持ち物を奪うことも日常の出来事でした。マスクも身体が小さかった頃は、人間関係を上手にこなす器用さがないために、どこに行ってもいじめられたし、顔を殴られてもいます。マスクはこう言っています。

「殴られると人生がどう変わるのかは、殴られたことがある人でないと分からないでしょう」

やがて成長し、身長180センチ余りと背も高くなり、がっちりとした体格で、柔道も習うようになると、こう考えるようになります。

「手荒にしてくる奴がいたら顔の真ん中に思い切りパンチを叩き込めばいい。そうすれば2度と手荒な真似はしてこないと分かりました」

子ども時代には深刻ないじめにあって、何度も転校をしていますし、大きなケガもしています。母親のもとを離れて父親と暮らすようになってからは、子どもたちを座らせたまま3時間も4時間も説教を続け、一切の口答えを許さない父親の横暴にも耐えています。「父は一緒にいて楽しいタイプの人間ではありませんでした」がマスクの父親評です。

こんな辛く厳しい子ども時代を送ったマスクですが、南アフリカを離れてカナダに移ってからはまさに生きていくために何でもするという生活も経験しています。さらに成功してからもプレッシャーを楽しむかのようにあえて逆境の中に飛び込んでいくような日々を送っています。

そのせいでしょうか自分の子どもたちを意識したこんな言葉を口にしています。

「学校では少々大変なこともあるだろうが、今の学校は過保護だから。今の子たちには、逆境を人工的につくるしかないね」

苦しい時代、辛い経験があったからこそ今のマスクがあり、絶望さえもあきらめずに乗り切る力を手にしたと言えます。

その自信がこんな言葉を口にさせたのかもしれません。

ワンポイント

逆境は生き抜く力と知恵を与えてくれる。

イーロン・マスクの名言

第49話

良い意図も地獄への道の舗装に使われる
可能性がありますが、
でも地獄への道の大半は
悪い意図で舗装されているものです

「イーロン・マスク」下

科学技術の進歩は偉大な発明をもたらす一方で、意図せずにその発明が不幸を招くこともあります。アルフレッド・ノーベルは恐るべき爆発力を秘めながらも扱いの難しい化合物ニトログリセリンを使った新火薬の研究を進め、ダイナマイトを発明します。ダイナマイトは運河の掘削などこれまで不可能だった多くの工事を可能にしますが、戦争ではダイナマイト爆弾が使われるなど負の側面も持っていました。

そのため、マスコミからは「武器の売買で富を築いた死の商人」などと評されますが、平和への強い関心から「ノーベル賞」を創設します。ノーベルは莫大な富を自分のためでなく、世界のために使うことで人類の発展に寄与する多くの研究や活動を後押しすることになりました。

偉大なはずの発明が人類に不幸をもたらすかもしれない懸念が持たれているのがAIや人型ロボットの研究です。マスクもこの分野に強い関心を持ち、企業をつくって取り組んでいますが、その目指すところについてこう話しています。

「好むと好まざるとにかかわらず、人型ロボットは生まれる。であれば、それがいい方向に進むよう、導くべきだ」

AIや人型ロボットなどの研究はマスクが関わらなくても進みますが、そこにもし悪い意図が入り込み、人類に危険をもたらすようになったら大変なことになります。だとすれば、良い意図を持つ自分がやった方がいいというのがマスクの考え方です。こう話しています。

「私としては、ただ、火星まで人が行けるようにしたいし、スターリンクで情報が自由に流れるようにしたいし、テスラで持続可能な技術を促したいし、運転という単純作業からみんなを解放したい――そう思っているのです。良い意図も地獄への道の舗装に使われる可能性がありますが、でも地獄への道の大半は悪い意図で舗装されているものですからね」

同じ発明や発見であっても、そこに「人類を救いたい」という良い意図があるか、「人類を征服したい」という悪い意図があるかでは、やはり結果に大きな差が出てくるはずです。マスクは突拍子もない発言や行動をすることもありますが、根底にあるのは「人類を救いたい」という「良い意図」であり、そこがブレない限りマスクには多くの人からの期待や支持が集まるのです。

ワンポイント

どんな時にも、何があっても、良い意図を持ち続ける。

第7章

お金の使い方にこだわり続けろ

第50話

金儲けのために
悪魔に変身してしまう人間もいるが、
大切なのはそのお金を何に使うのか
という目的をはっきりさせておくこと

「GOETHE」

お金というのはなければ困りますが、あり余るお金を手にして人生を狂わす人も少なくありません。マスクは最初の会社Ｚｉｐ2をコンパックに売却することで２２００万ドルもの大金を手にします。銀行口座の残高が５０００ドルから２２００万５０００ドルになったことを喜んだマスクは、父親に30万ドル、資金面で苦労を掛けた母親に１００万ドルを渡した後、１６０平方メートルのコンドミニアムと、世界最速のスポーツカー、マクラーレンＦ1を購入します。こんな感想を口にします。

「ＹＭＣＡでシャワーを使い、事務所の床で寝る生活からわずかに3年で、１００万ドルの車を買うことができました」

勝利の喜びに浸ったマスクは次にどうするかを考えます。シリコンバレーには起業した会社を売却したお金で投資家になったり、慈善活動家になったり、贅の極みを尽くそうとする人が少なくありません。マスクの前にもいくつもの選択肢がありました。お金持ちの人生を楽しむこともできるし、有望な企業に投資することもできます。マスクが言うように「バハマ諸島の島をひとつ買い、自分の国をつくる」こともできたわけですが、マスクはそのいずれも選びませんでした。

幼い頃から「世界を救いたい」と願っていたマスクにとってお金は自らの夢を実現するための

小さな一歩に過ぎませんでした。こう話しています。

「金儲けのために悪魔に変身してしまう人間もいるが、大切なのはそのお金を何に使うのかということ目的をはっきりさせておくこと」

Ｚｉｐ２を売却する際、マスクはベンチャーキャピタリストから「これはきみにとってひとつ目の会社だよね？　いい買い手を探してお金を手に入れよう。そうすれば、二つ目、三つ目、四つ目の会社が作れるから」と売却交渉を進めるように説得されていますが、その言葉通りマスクは大金を手に２つ目の会社を設立、さらにはその会社を売却したお金で、本気で世界を救おうとスペースＸやテスラの起業へと突き進んでいくことになります。

「お金は稼ぐよりも使う方が難しい」という言い方がありますが、この点でマスクの考え方が揺らぐことは一度もありませんでした。稼いだお金は少しの贅沢と、自分の目指す目標のために使う。「残りのほぼ全額を次のゲームにぶちこむつもりです」は大金を手にしたマスクのその後も続くやり方でした。

ワンポイント

「お金は何に使うか」という目的をしっかりと持ち続ける。

第51話

最後の１ドルまで会社のために使いたい

「イーロン・マスク　未来を創る男」

マスクはこれまでに幾度もの危機を乗り越えていますが、2008年の危機はマスクがすべてを失い、追い求めてきたビジョンのすべてを諦めざるを得ないというところまで追いつめられた時期でもあります。

テスラのロードスターは2006年7月に発表され、多くの著名人が予約金を払ってくれるほどの人気を博しますが、その後もマスクがさまざまな設計変更を加えたことで製造原価は上がり、ロータスなどに依頼していた生産も遅れに遅れます。それでも2008年2月、ようやく数台のロードスターが完成したものの、会社の資金は尽きかけていました。そしてマスクのもう1つの会社スペースXも2008年8月に3回目のロケット打ち上げに挑戦したものの失敗します。

こちらもマスクが用意していた資金は3回の打ち上げ分であり、ここでも資金は枯渇していました。さらにこの年には住宅ローン問題に端を発したリーマンショックも起こっていますから、マスクの会社に限らず、世界中の企業にとって資金的な問題の多い年でもありました。マスクはこう振り返っています。

「ロードスターは一応できましたが、あのあとは人生で一番つらい1年になりました」

資金難を乗り越えようと、マスクは顧客から預かった予約金にも手をつけたほか、売れるものはすべて売り、友人たちから借金をすることで何とか社員の給与を払い、会社の運転資金を確保しました。しかし、これほどの苦境に陥ってもマスクは事業から撤退するつもりはありませんでした。支援をしてくれる友人にこう打ち明けています。

「最後の1ドルまで会社のために使いたい。一文無しになってジャスティン（当時の妻）の実家に間借りせざるを得なくなったら、それはそれで受け入れるさ」

友人たちはスペースXかテスラのどちらかを選べば生き残れると見ていましたが、マスクはそんなことをしたら「電気自動車はダメだ」と烙印を押されるし、複数の惑星に住めなくなると決して一方を選ぼうとはしませんでした。こう話しています。

「あれって、子どもがふたりいて食べ物がなくなりそうだという感じだったわけですよ。じゃあ、どっちを死なせるのかって、そんなの決められるはずがないじゃないですか。だから、全身全霊で両方を救おうとしたんです」

不可能と思われた「両方救う」はマスクの執念が実ります。スペースXは4回目で打ち上げに成功、テスラのロードスターも電気自動車の時代の幕開けを告げることになります。

ワンポイント

みんなが「絶対不可能」と言っても決して諦めない。執念が道を開く。

イーロン・マスクの名言

第52話

気を散らすものや
短期的思考から可能な限り解放される

「AFP＝時事」

株式を公開することは起業家にとっても、その会社で働く社員にとってもそれまでの苦労が報われ、夢がかなう瞬間です。しかし、一方で株式を公開することはウォール街の気まぐれに振り回されることであり、絶えず株主の期待に応えなければという強迫観念と戦うことも意味します。

マスクはペイパルの株式公開と、テスラの株式公開によって大金を手にすることで自らのビジョンを叶えるべく挑戦ができたわけですが、特にテスラでは激しく上下する株価に神経をすり減らす経験もしています。株式というのは実際に売却しない限り、利益も損失も確定しないにもかかわらず、テスラの株が大きく下がると、マスコミは「マスクの資産が何千億円減った」「何兆円が吹っ飛んだ」と書き立てます。

当然、こうした報道は株主にも影響を与え、株主自身も自分の「紙の上の価値」が一時的に下がったとしても、「実際に大きな損をした」気になり、それがテスラやマスクへのプレッシャーとして向かってきます。そのせいでしょうか２０１０年に公開したテスラの非公開化を検討していると２０１８年8月にツイッターでつぶやいています。四半期決算から解放されるメリットを強調しています。

「気を散らすものや短期的思考から可能な限り解放される」

これは実行に移されることはありませんでしたが、株価の変動で企業への評価がころころと変わる危うさを知るマスクだけに、今でさえ高い評価を得ているスペースXの株式公開に慎重になるのは当然のことと言えます。

「上場はまだまだ先のことで、火星へのミッションがある程度固まるまではあり得ない」として社員にこんなメールを送ります。

「上場企業の株は、特に技術に大きな変化が到来した場合、大きく変動します。経営に関わる理由もあるし、単なる経済情勢上の理由もあります。やがて社員は株価の動きに一喜一憂することに気を取られ、素晴らしい製品を作り出さなくなります」

スペースXが目指すものは「火星移住に必要な技術の開発」であり、それはまだ時間のかかるものです。それほどの長期の目標を追うこと、目先の株価を上げることはどうしても相反するものとなるだけに、マスクは社員や投資家の期待は知りつつもあえて「上場はまだまだ先のこと」と言っています。大きなビジョンを達成するためには長期的な見方と、時に利益を度外視した挑戦が必要になります。マスクにとってウォール街の時間軸はあまりに短すぎるのです。

ワンポイント

目先の利益を追うあまり長期の視点を見失うな。

第53話

最悪の事態になったら
テスラを買収してほしい

「イーロン・マスク　未来を創る男」

マスクが経営するテスラやスペースXは今でこそ堂々たる勝ち組企業ですが、その過程では幾度も倒産寸前という危機を経験しています。そんな時にマスクを支えてくれたのが「ペイパル・マフィア」やグーグルの創業者ラリー・ペイジです。

スペースXはロケット打ち上げに3回続けて失敗したことでマスクの資金は底をつき、テスラもスペースXも、そしてマスクも共倒れの危機に瀕しますが、そんなマスクにロケット打ち上げの4回目の資金を提供してくれたのがピーター・ティール率いるファウンダーズファンドです。

ペイパル時代、マスクとティールはしばしば衝突を重ね、激しい権力闘争も行っていますが、同じくペイパル・マフィアのルーク・ノゼックが「イーロンがしているのはすごいことで、我々も一枚かむべきだ」とティールを説得したことで、ティールは3回目の打ち上げが失敗した直後に2000万ドルの出資を決めています。両者の考え方の違いはあったにせよ、望むイノベーションは140文字（当時のツイッターのこと）より空飛ぶ車と考えるティールにとって、マスクのやろうとすることはたしかに支援に値したのです。

テスラは2010年に株式公開をしていますが、その後は車の量産という難題を前にマスクは何度も危機を迎えています。2013年、モデルSの予約を大量に抱えていたものの、生産の遅れや設計上の問題などから予約を販売、引き渡しへと順調に移管できずにいました。当然、資金繰りも悪化します。2013年4月、マスクはグーグルの創業者ラリー・ペイジにこんな依頼をしています。

「最悪の事態になったらテスラを買収してほしい」

マスクは今後数週間を乗り切れるかどうか心配していることを率直に話し、工場の閉鎖も検討せざるを得ない状態であることを伝えたうえで、最悪の事態になってもテスラ、そして電気自動車を残そうとしたのです。ペイジはマスクのことを高く評価していますこう話していました。

「火星に行くと言っている男がいるのなら、そういう男のために一肌脱ぎたくなりませんか。**素晴らしいアイデアはいつもクレイジーです。クレイジーじゃなくなったら、つまらない証拠**」

マスクは人間関係には問題があると言われていますが、すごいアイデアとすごい実行力にはそれを支えたいという人が集まってくるのです。

ワンポイント

すごいアイデアとすごい実行力には人が集まってくる。

第54話

インターネットとか財務とか法務に
詳しい賢い人間が多すぎると思うんだ。
そういうことも、
イノベーションがじゃんじゃん
生まれてこない理由なんじゃないかな

「イーロン・マスク　未来を創る男」

「我々が取り組んでいることが信じがたいSFのようだと人々が思わないなら、それは大したイノベーションではないということだ」はグーグルの創業者セルゲイ・ブリンの言葉です。

ブリンは私財を投じて「牛肉」を実験室で培養するプロジェクトに取り組んでいますが、そんなSFのような挑戦こそが真のイノベーションというのがブリンの考え方です。

2000年代に入り、イノベーションの規模が小さくなったと言うのがマスクとともにペイパルを運営していたピーター・ティールです。こう言っています。

「空飛ぶ車が欲しかったのに、出てきたものはたったの140文字」

のちにマスクが買収することになるツイッターを揶揄《やゆ》した言葉です。

ティールの目から見ると、頭のいい連中が考えるのは「広告をいかにクリックさせるか」ばかりで、ちっともわくわく感がないのです。これでは世界からイノベーションが衰退してしまうという危機感がそこにあります。

マスクも今日の危うさをこう話しています。

「インターネットとか財務とか法務に詳しい賢い人間が多すぎると思うんだ。そういうことも、イノベーションがじゃんじゃん生まれてこない理由なんじゃないかな」

たしかにマスクがやっていることのほとんどは、財務や法務に詳しい人間なら決してやろうとはしないことばかりです。実際、マスクがロケット開発のためにスペースXを創業しようと動き出した時、マスクのことを良く知る友人たちでさえ、ロケットが爆発するシーンばかりを集めた動画をつくり、マスクを思いとどまらせようとしたほどですから、成功確率や儲けを素早く計算する人たちがテスラやスペースXを創業するなどありえないことなのです。

マスク自身、どんな事業でもビジネスの可能性を計算できるだけに失敗の可能性を無視していたわけではありません。しかし、こうも考えていました。

「恐れは理にかなったものとして、無視する。理にかなっていても、前に進むのが遅くなるから」

イノベーションには賢さが欠かせませんが、それは目先の利益だけを追う計算高さや小利口さとは別のものなのです。

ワンポイント

イノベーションは「可能か不可能か、儲かるか儲からないか」だけでは測れない。

イーロン・マスクの名言

第 55 話

それでも善行はなすべきなんだよ

「イーロン・マスク」下

2022年、マスクは多くの話題を振りまいていますが、この年最初に世界の注目を集めたのが、ロシアによるウクライナへの侵攻に端を発した「スターリンク」の提供です。スターリンクというのはスペースXが提供する衛星を利用したインターネット接続サービスのことですが、最大のメリットは、光ファイバーケーブルを設置できない離島やへき地、途上国や紛争地であっても、電源とアンテナとルーターさえあれば、通信衛星を通じてブロードバンドに接続できることです。

2024年、能登半島地震によって携帯電話などが使えなくなった地域にもスターリンクが導入されたことからも分かるように、非常時にも使えるという大きなメリットがあります。ロシアの侵攻を受けたウクライナの副首相が開戦2日後の2022年2月26日、ツイッター上でマスクに「ウクライナでスターリンク・サービスを利用させてほしい」とツイートしたところ、わずか10時間後にマスクはこう返信しました。

「今、スターリンク・サービスはウクライナにおいて使用可能な状態にあります。さらなるターミナル・キットをウクライナに輸送中です」

1週間後、副首相は「スターリンクは、今ここにあります。ありがとう」とツイートしました。

戦争に限らず、今の時代、通信インフラを確保できるかどうかは人の命を左右するほど重要なものです。ウクライナにおいて、スターリンクは絶大な威力を発揮、世界はスターリンクの威力を知るとともに、**マスクの決断スピードの速さと、リスクを恐れない果敢な実行力、そして無償で提供したという事実に驚くことになったのです。**

とはいえ、スペースXがウクライナの支援のために要した費用は約8000万ドルというのがマスクの見立てです。さらにスターリンクが戦いで使われる以上、人を殺し、建物を破壊することにもつながります。マスクは「救急車や病院や母親を助けるためなら喜んでサービスを寄付しますよ。会社も人も、そういうことをすべきだからです。ですが、無人機による軍事攻撃にかかる費用を負担するのは間違いです」と疑問を表明、ウクライナへの無償支援の停止をほのめかします。

スターリンクは人々が楽しむためのもの、平和のためのものというのがマスクの考え方でした。それでもペンタゴンとの交渉やネット上の非難を経てマスクは支援の継続を決断します。「それでも善行はすべきなんだよ」がマスクの結論ですが、スターリンクは戦争のためにあるわけではないというのがマスクの思いです。

ワンポイント

圧倒的なスピードや実行力が評価を高め信頼を生む。

参考文献

本書の執筆にあたっては、

『イーロン・マスク』（ウォルター・アイザックソン著、井口耕二訳、文藝春秋）
『イーロン・マスク　未来を創る男』（アシュリー・バンス著、斎藤栄一郎訳、講談社）
『バイラル・ループ』（アダム・ペネンバーグ著、中山宥訳、講談社）
『対訳セレブたちの卒業式スピーチ　次世代に贈る言葉』（『CNN English express』編集部編集・翻訳、朝日出版社）
『洋泉社MOOKイーロン・マスク』（洋泉社）
『週刊東洋経済　eビジネス新書№359』（東洋経済新報社）
『イーロン・マスク次の標的』（浜田和幸、祥伝社）
『宇宙の覇者　ベゾスvsマスク』（クリスチャン・ダベンポート著、黒輪篤嗣訳、新潮社）
『ツイッターで学んだいちばん大切なこと　共同創業者の「つぶやき」』（ビズ・ストーン著、石垣賀子訳、早川書房）

を参考にさせていただきました。

また、日本経済新聞、日経産業新聞、朝日新聞、毎日新聞、読売新聞、産経新聞の記事、および雑誌『日経ビジネス』『週刊東洋経済』『エコノミスト』『ダイヤモンド』『プレジデント』『フォーブズ』『ニューズウィーク』『クーリエ・ジャポン』『ゲーテ』『ペン』『ログミー』『ブルームバーグ・ビジネスウィーク』『CNN』の記事や、さまざまなウェブサイトも参考にさせていただきました。

いずれも労作であり、深く感謝いたします。

桑原晃弥（くわばら・てるや）

1956年、広島県生まれ。経済・経営ジャーナリスト。慶應義塾大学卒。業界紙記者などを経てフリージャーナリストとして独立。トヨタ式の普及で有名な若松義人氏の会社の顧問として、トヨタ式の実践現場や、大野耐一氏直系のトヨタマンを幅広く取材、トヨタ式の書籍やテキストなどの制作を主導した。一方でスティーブ・ジョブズやジェフ・ベゾス、イーロン・マスクなどの起業家や、ウォーレン・バフェットなどの投資家、本田宗一郎や松下幸之助など成功した経営者の研究をライフワークとし、人材育成から成功法まで鋭い発信を続けている。
著書に『イーロン・マスクとは何者か』『逆境を乗り越える渋沢栄一の言葉』(以上、リベラル社)、『スティーブ・ジョブズ名語録』(ＰＨＰ研究所)、『トヨタ式「すぐやる人」になれる８つのすごい！仕事術』(笠倉出版社)、『ウォーレン・バフェットの「仕事と人生を豊かにする８つの哲学』(KADOKAWA)、『amazonの哲学』(だいわ文庫)、『イーロン・マスクの言葉』（きずな出版)、『藤井聡太の名言』『世界の大富豪から学ぶ、お金を増やす思考法』『自己肯定感を高める、アドラーの名言』（以上、ぱる出版）などがある。

不可能《ふかのう》を可能《かのう》にする イーロン・マスクの名言《めいげん》

2024年4月4日　初版発行

著者　桑原晃弥
発行者　和田智明
発行所　株式会社　ぱる出版

〒160-0011　東京都新宿区若葉1-9-16
03(3353)2835—代表
03(3353)2826—FAX
印刷・製本　中央精版印刷(株)
本書籍に関するお問い合わせ、ご連絡は下記にて承ります。
https://www.pal-pub.jp/contact

ISBN978-4-8272-1436-9　C0034